rororo

rororo

Dr. Richard Dixey ist promovierter Biophysiker und hat einen Magisterabschluss in Wissenschaftsgeschichte und -philosophie. Seit 1972 beschäftigt er sich aufgrund seines Interesses am Buddhismus mit der Schnittstelle zwischen wissenschaftlichen und spirituellen Perspektiven und unternahm ausgedehnte Reisen in den Himalaja, nach Indien und Südostasien. Er gehört zum Lehrkörper des Dharma College in Berkeley und ist Berater der Khyentse Foundation.

Richard Dixey lässt uns in seinem Buch direkt ins Handeln kommen — ohne zu viel darüber nachzudenken, wieso und warum wir eine Meditation gerade ausführen. Gleichzeitig vermittelt er spannendes Hintergrundwissen zu Entspannungsphilosophien und typischen alltäglichen Gedankenmustern. Vor allem macht er deutlich, dass Meditation wie jede Fähigkeit erlernt werden kann und wie wahnsinnig gut es tut, den durchgängig aktiven Geist zur Ruhe kommen zu lassen. Klar und effektiv zeigt er, welche Gedanken und Mechanismen uns vom Entspannen ablenken wollen und wie wir ihnen effektiv begegnen können.

«Endlich ein nutzerfreundliches Handbuch für den Geist!»
KHANDRO KUNZANG DECHEN CHODRON

Richard Dixey

Drei Minuten am Tag

Mit MEDITATION zu einem ausgeglichenen Leben

Aus dem Englischen
von Anja Schünemann

ROWOHLT TASCHENBUCH VERLAG

Die englische Originalausgabe erschien 2023
unter dem Titel «Three Minutes a Day»
bei New World Library, Novato, California.

Originalausgabe
Veröffentlicht im Rowohlt Taschenbuch Verlag,
Hamburg, Dezember 2024

Redaktion Bernd Jost

Covergestaltung zero-media.net, München,
nach dem Original von New World Library
Coverabbildung Shutterstock
Satz aus der Minion Pro
bei Pinkuin Satz und Datentechnik, Berlin
Druck und Bindung CPI books GmbH, Leck
ISBN 978-3-499-01523-6

MIX
Papier | Fördert
gute Waldnutzung
FSC® C083411

Für TT und DJKR
mit innigem Dank

INHALT

Die Philosophie ist ein Kampf gegen
die Verhexung unseres Verstandes
durch die Mittel unserer Sprache.

LUDWIG WITTGENSTEIN

VORWORT

Dieses Buch erhebt einen kühnen Anspruch:

Nur drei Minuten täglich, vierzehn Wochen lang. Das macht insgesamt etwas weniger als fünf Stunden. Wenn Sie in diesen vierzehn Wochen wirklich jeden Tag drei Minuten aufwenden, können Sie tiefe Einblicke in Ihre persönliche Erfahrung gewinnen, die Sie sich so niemals anlesen könnten.

Also,

das ist der Deal: Lesen Sie dieses Buch *nicht* von vorn bis hinten durch! Auch wenn Sie das problemlos tun könnten, da es sehr kurz ist.

Stattdessen

lesen Sie zunächst nur die Einleitung, dann lesen Sie Kapitel 1 und praktizieren die einfache Meditation drei Minuten täglich, sieben Tage lang.

Dann

lesen Sie Kapitel 2. Praktizieren Sie die einfache Meditation drei Minuten täglich, sieben Tage lang.

Und dann

lesen Sie Kapitel 3. Praktizieren Sie die einfache Meditation drei Minuten täglich, sieben Tage lang, und so weiter!

Am Ende
werden Sie, wenn Sie das so durchgehalten haben, ein Fundament an Erfahrung besitzen, auf dem ein Haus der Erkenntnis aufgebaut werden kann.

Zur Unterstützung
für Sie haben wir
die kostenlose App
«Three Minutes»
für iPhone und Android
entwickelt, die Sie sich
auf Ihr Handy herunter-
laden können.

EINLEITUNG

Seit meiner Kindheit bin ich fasziniert von unserer Wahrnehmung — von der Frage, was Erfahrung für jeden Einzelnen persönlich bedeutet. Im späten Teenageralter erkannte ich, dass fast alle westlichen Betrachtungen über die menschliche Erfahrung auf Erklärungen durch andere basieren, als könnte das Erleben an sich in der dritten Person ausgedrückt werden. Ich erinnere mich, wie ich in der Stadt auf eine Straße hinausblickte, in der Menschen über den Gehweg liefen, und dachte, dass jeder von ihnen sich in seiner eigenen Blase befand, die meinem Verständnis völlig unzugänglich war. Doch ich hatte ein vages Gespür, dass es mehr zu wissen gab, irgendwo, wenn ich es nur finden könnte. Bald richtete sich mein Hauptinteresse auf frühe Begegnungen mit der Meditation und anderen Wegen, den Geist zu erforschen, und so verließ ich nach zwei Jahren wissenschaftlichen Studiums an der Universität meine englische Heimat und machte mich auf den Weg nach Indien, um zu sehen, was es dort zu entdecken gab.

Natürlich fand ich nicht das, wonach ich auf der Suche war — jedenfalls damals nicht. Ich weiß noch, wie ich am Rand der Seepromenade in Nainital, einer seltsam britisch anmutenden Stadt im Vorgebirge des Himalaja, zu Füßen eines grauhaarigen Pandits in orangefarbenen Gewändern saß. Mit wild funkelnden Augen überblickte er die zusammengewürfelte Schar der Westler, zu denen auch ich gehörte und die alle auf die eine oder andere Art auf der Suche waren. Da fiel sein Blick auf mich. Er beugte sich vor, zeigte energisch mit dem Finger und rief laut: «Du, du da!! Geh nach Hause!»

Ich befolgte die Anweisung nicht sofort, dazu war ich viel zu stur. Aber wenige Monate später saß ich im Flieger zurück nach London. An meinem Gespür, dass es da mehr geben müsse, hatte sich nichts geändert, doch in dem Versuch, mich dem anzunähern, schien ich nicht recht voranzukommen. Ich schloss also zunächst einmal mein Studium ab. Währenddessen beschäftigte ich mich mit der Kabbala und der hermetischen esoterischen Tradition, und mir wurde mit Erschrecken klar, dass weite Teile der westlichen Kultur durch den Siegeszug der empirischen Rationalität in ein Schattendasein gedrängt worden waren. Lag dort das Geheimnis? Allerdings dauerte es nicht lange, bis sich mir einige gravierende Schwächen der esoterischen Traditionen zeigten. Wenn man keine Messlatte für echtes Wissen hat, was hindert einen dann daran, sich einfach irgendetwas auszudenken?

Das ist ein Dilemma. Die bewährten Techniken empirischer Beweisführung wie die wissenschaftliche Methode führen zu Erkenntnissen, die andere replizieren können, allerdings ist diese Art der Erkenntnis unpersönlich und steht nicht in direkter Beziehung zum Erkennenden. Auf der anderen Seite kann der verführerische Reiz persönlicher Erkenntnis die Tür zu allerlei Illusionen und Fantasien öffnen. Die moderne Welt steht in vielerlei Hinsicht unter dem starken Einfluss dieser beiden Strömungen, und ein Ausweg ist nicht ohne Weiteres ersichtlich.

Durch eine glückliche Verkettung von Umständen kam es dazu, dass ich eine Forschungsabteilung einer großen Londoner Klinik leitete. Dort beschäftigte ich mich mit unterschiedlichen Heilkünsten, die ganz bestimmte Menschen manifestieren können. Ich beobachtete auch die erstaunliche Wirksamkeit bestimmter traditioneller Arzneien. Wie war solch außerordentliches Wissen gewonnen worden? Gab es einen alternativen Weg, die Wahrheit der Dinge zu entdecken?

So begann ich eine zweite Karriere — ich suchte in aller Welt nach traditionellen Heilmethoden und warb Mittel ein, um diese Verfahren in regelrechten klinischen Studien zu untersuchen. Als Geschäftsführer eines Unternehmens im Vereinigten Königreich, das sich mit der Zeit zu einer bekannten Aktiengesellschaft entwickelte, konnte ich wiederum einige Erfolge verzeichnen. Doch der Versuch, diese erlesenen Produkte traditioneller Kultur in die Form moderner Pharmazeutika zu pressen, erwies sich als ebenso schwierig wie die Erforschung der Heilkünste. Noch immer sagte mir mein Gespür, es müsse möglich sein, persönliche Erfahrung zu untersuchen — aber mit welchen Mitteln?

Die ganze Zeit war da etwas im Hintergrund. Es gab eine Tradition mit einer ungebrochenen, fast nabelschnurartigen Verbindung zur Antike, mit der ich mich noch nicht eingehender beschäftigt hatte. Ich meine natürlich die asiatischen Meditationstraditionen, die alle mindestens tausend Jahre zurückreichen, manche sogar bis zu 2500 Jahren, in eine Zeit, in der die Menschen ganz andere Möglichkeiten der Erkenntnisgewinnung hatten als wir heute. Diese Kultur legte den Schwerpunkt auf Gelehrsamkeit und brachte eine Tradition hervor, in der Philosophenmönche ihre Erkenntnisse nicht nur durch Logik und Analyse entwickelten wie unsere modernen Philosophen und Wissenschaftler, sondern auch durch ihre eigene Meditation und persönliche Entwicklung.

Das war es! Diese Praktizierenden hatten bereits die Quadratur des Kreises erreicht, um den ich herumgeschlichen war; sie hatten Wissen und Erkenntnis aus ihrer eigenen Subjektivität heraus erzeugt und diese Erkenntnis zugleich der Überprüfung von außen unterworfen. Inspiriert von meiner Entdeckung, nutzte ich den Umstand, dass in letzter Zeit viele hochrangige tibetische Lehrer nach Europa und Amerika gekommen waren, und ich lernte bei ihnen sowie auch bei südostasiatischen Lehrern der ebenso alten südlichen Schulen. Je mehr ich mich damit beschäftigte, umso beeindruckter war ich — nicht nur von der Tiefe der Tradition, die ich entdeckt hatte, sondern auch von ihrer unermesslichen Weite und der Vielfalt ihrer Anwendung.

2002 hatte ich das große Glück, meine Frau Wangmo kennenzulernen, die älteste Tochter eines hohen tibetischen Lama. 2007 beschloss ich, mich zur Ruhe zu setzen und mit meiner jungen Familie nach Kalifornien überzusiedeln, um in der Nähe von Wangmos Eltern zu sein. Außerdem wollte ich mich in der Leitung einer Stiftung in Indien engagieren, die sich für die Rückkehr von Theravada-Mönchen nach Indien einsetzt, sowie in der Leitung des Dharma College in Berkeley, Kalifornien, wo wir leben. Die Mission des Dharma College ist, die alten Traditionslinien der Meditation und Selbstrealisation einem neuen Publikum in einer neuen Sprache zu vermitteln, und im Rahmen dieser Bestrebungen begann ich, dort Meditationskurse zu geben.

Die Aufgabe, meine persönlichen Erfahrungen mit den Meditationstraditionen einem neuen Publikum zu übersetzen und zu erklären, führte mich zur Beschäftigung mit den Themen in diesem Buch. In die folgenden Seiten ist vieles von dem eingeflossen, was ich über die Jahre von zahlreichen gütigen und geduldigen Lehrern gelernt habe. Manche Teilnehmende in meinen Kursen haben Mitschriften angefertigt, und diese bildeten die Grundlage für den vorliegenden Text. Fragen wurden gestellt, und ich beantwortete sie, so gut ich konnte; diese Fragen und Antworten finden sich am Ende jedes Kapitels. Ich führe eine Handvoll traditioneller Begriffe aus der alten indischen Sprache Pali ein, um ein paar Bezugspunkte herzustellen. Dabei hoffe ich sehr, dass es mir gelungen ist, sie so umfassend in Kontext zu setzen, dass es nicht mehr bloß technische Begriffe sind, sondern Kürzel für die spezifischen Erfahrungen, die wir in den kurzen Meditationssitzungen erkunden. Wörter dienen der Information, aber in der Meditation ist es vielleicht mehr als bei jeder anderen Tätigkeit essenziell, dass die Information Teil der persönlichen Erfahrung wird. Wenn das geschieht, kommt es nicht mehr so sehr auf die Wörter an. Falls Sie dennoch das Bedürfnis haben, sich die Bedeutung einzelner Begriffe noch einmal ins Bewusstsein zu rufen, können Sie sie im Glossar am Ende dieses Buches nachlesen.

Nun zur praktischen Durchführung der Meditationen: Ich persönlich ziehe es vor, möglichst mit offenen Augen zu meditieren und dabei normal zu atmen. Geistige Fähigkeiten zu entwickeln, während die Sinne offen bleiben und ohne dass man den Körper beeinflusst, schafft eine größere Nähe zwischen dem, was wir in unseren Meditationssessions praktizieren, und unserer weit umfangreicheren Erfahrung nach der Meditation. Manche Anfänger empfinden es allerdings als ablenkend, die Augen offen zu halten. Probieren Sie aus, womit Sie besser zurechtkommen. Außerdem ist es hilfreich, auf einem Stuhl zu sitzen oder auch auf einem Kissen, wenn das für Sie bequem ist. Es geht darum, eine Haltung einzunehmen, in der Ihr Körper dauerhaft ruhig, entspannt und im Gleichgewicht ist. Natürlich wäre das auch im Liegen möglich, aber dabei besteht die Tendenz einzuschlafen!

Der *Drei-Minuten-täglich*-Ansatz ist aus Traditionen entsprungen, die den Schwerpunkt auf kurze, wiederholte Meditationsübungen legen statt auf lange Sitzungen. Das trifft jedoch nicht auf alle Schulen zu, und es gibt viele andere Ansätze. Ich habe für mich festgestellt, dass die Methode mit kurzen Sessions eine gute Grundlage schafft und es leicht macht, sich eine Meditationspraxis anzueignen, auf der man gut aufbauen kann.

Meditation ist ein nützliches, vielleicht sogar essenzielles Element der Selbsterkundung, eine Praxis, die eine verlässliche Grundlage sowohl für subjektive Erkenntnis als auch für emotionale Resilienz entwickeln kann. Ich hoffe, einige der Menschen, die dieses Buch lesen, werden sich darauf einlassen, denn es ist eine ergiebige und erfüllende Praxis, mit der man andere Elemente eines guten Lebensstils in ihrer Wirkung verstärken kann, sei es Tagebuchschreiben, Gebet, Kontemplation oder anderes. Diese vierzehn Übungen sind nicht als abschließende Zusammenstellung zu verstehen, sondern sie sollen als Einstieg dienen. Für Menschen, die bereits Erfahrungen mit anderen Ansätzen der Meditation gemacht haben, eröffnen sie vielleicht eine neue Perspektive, bringen ein wenig frischen Wind in ihre bestehende Praxis. Und wiederum anderen hoffe ich zeigen zu können, dass moderne physiologische und psychologische Erkenntnisse durchaus im Einklang mit dieser Art der Persönlichkeitsentwicklung sind und Meditation daher in keinerlei Gegensatz zu einer modernen Lebensweise steht.

Für mich ist sie eine nützliche Fähigkeit — eine, die die Tür zu einer insgesamt erfüllteren Seinsweise öffnen kann. Wenn der Anfang einmal gemacht ist, liegen grenzenlose Möglichkeiten der Erkundung vor uns.

KAPITEL EINS

BEINAHE VOM BLITZ GETROFFEN

Heutzutage findet man dank Überwachungskameras alle möglichen Videos im Internet. Wenn Sie nach «Mensch vom Blitz getroffen» suchen, erhalten Sie zahlreiche Treffer. Sie sehen einen Blitz, und wenn Sie das Video langsamer abspielen, sehen Sie die getroffene Person umfallen wie einen gefällten Baum.

Etwas anders sieht es in einem Video aus dem Jahr 2019 aus. Dieses wurde von einer Überwachungskamera in South Carolina aufgenommen und zeigt einen Mann, der im strömenden Regen über einen Weg eilt. Er ist unter seinem Schirm verborgen und macht etwa zwei Schritte pro Sekunde. Nach einigen Sekunden gibt es einen gewaltigen Blitz, der Mann krümmt sich zusammen, dann erholt er sich wieder und läuft davon. Hier können Sie das Video auf YouTube anschauen: https://www.youtube.com/watch?v=Hq6Q0juQ6qA

Wenn Sie das Video langsamer abspielen, wird etwas sehr Wichtiges erkennbar. Man sieht zuerst den Moment, in dem der Blitz ein paar Schritte von dem Mann entfernt in den Rasen einschlägt. Im nächsten Frame lässt ein gewaltiger Lichtblitz den gesamten Bildschirm weiß erscheinen. Aber im wiederum nächsten Frame geht der Mann weiter, sein Gang ist unverändert. Er macht noch einen ganzen Schritt, fast eine halbe Sekunde vergeht, ehe man sieht, wie er sich krümmt, stolpert und dann losrennt, um Deckung zu suchen. Was also geschieht in dieser halben Sekunde — dem Fingerschnippen zwischen Wirklichkeit und Erfahrung, selbst wenn die Wirklichkeit so intensiv ist wie die, beinahe vom Blitz getroffen zu werden? Die Meditation hilft uns, das zu ergründen.

Meditation hat Eingang in unsere Alltagssprache gefunden. Sie ist zu einer wahren Modeerscheinung geworden. Wir bekommen Ratschläge wie, «im Hier und Jetzt zu sein» und ein «achtsames Bewusstsein zu entwickeln». Irgendwie soll der simple Akt, still dazusitzen und etwas zu beobachten — meist den eigenen Atem —, all das bewirken. Aber warum? Und wie?

Im vorliegenden Buch versuche ich, diese Fragen zu beantworten, und stelle im Zusammenhang damit eine Auswahl kurzer, aber effektiver Meditationsübungen vor. Dabei hoffe ich, ein paar der Vorurteile auszuräumen, die das Meditieren für manche zur Obsession machen — und für viele andere zu einem scheinbar unerreichbaren Ziel.

Hinter der nächsten Wegbiegung

Meditieren ist eine Fähigkeit. Man kann es lernen, so wie Skilaufen, Stricken oder Geigespielen. Es ist für sich genommen keine religiöse Praktik; vielmehr ist es eine Methode, mit unserer eigenen Erfahrung zu arbeiten. Meditation ist ein Weg, etwas zu tun, das wir in der heutigen Zeit allgemein nicht so oft tun, nämlich unsere eigene Erfahrung *als Erfahrung* zu betrachten. Die Meditation hilft uns, nicht einfach durch unsere Erfahrung «Dinge» zu betrachten, die wir außerhalb unser selbst identifizieren, oder auf Gedanken und Gefühle zu reagieren, die vielleicht in unserer Innenwelt auftauchen. Stattdessen befähigt sie uns, unsere Erfahrung selbst zu betrachten.

Das zu tun, ist ungewohnt und erfordert daher etwas Übung.

Diese neue Fertigkeit, unsere eigene Erfahrung betrachten zu lernen, erzeugt innere Resilienz — die Fähigkeit, mit Herausforderungen und Belastungen effektiver umzugehen. Aber warum erzeugt sie innere Resilienz? Diese Frage ist tatsächlich ein Schlüssel zum ganzen Thema Meditation. Was als Nächstes kommt, mag auf den ersten Blick überraschend wirken, ist bei näherem Hinsehen aber eigentlich ganz offensichtlich. Es ist die Erkenntnis, dass unsere Erfahrung konstruiert ist. Unsere Erfahrung wird aus unseren Sinneseindrücken erzeugt und ist das Ergebnis zahlreicher schnell ablaufender Prozesse, die die Wissenschaft seit über einem Jahrhundert untersucht. Aber was wissen wir über solche Vorgänge?

Viele von uns haben in der Schule gelernt, dass die drei Dimensionen, die wir mit den Augen sehen, in Wirklichkeit ein Konstrukt sind — die räumliche Wahrnehmung entsteht aus den unterschiedlichen Bildern, die unsere beiden Augen liefern. Die Erfahrung von Tiefe ist also ein Konstrukt unseres Sinnesapparats. In ähnlicher Weise beruht unsere Fähigkeit, die Quelle von Geräuschen zu lokalisieren, auf Berechnungen aufgrund von Phasendifferenzen zwischen dem Klang, der das eine beziehungsweise das andere Ohr erreicht. Auch unser Körperbild ist ein Konstrukt, das zeigen moderne Experimente und Entdeckungen wie beispielsweise die Phantomglieder, die Amputierte wahrnehmen. Überhaupt gilt dasselbe ganz allgemein für alle sinnliche Wahrnehmung: Unsere gesamte Erfahrung ist konstruiert. Aber wie? Können wir Zugang zu direkter Erfahrung erlangen, ohne diese Schichten der Konstruktion?

Meditation kann uns helfen, diese Frage zu beantworten. Sie kann uns helfen, das Bild oder die Landkarte, in der wir leben, zu verstehen. Diese Aussage ist keineswegs ein Versuch, spektakuläre metaphysische Behauptungen über die Welt aufzustellen, etwa dass sie gar nicht existiert oder dergleichen. Sie weist lediglich auf etwas sehr Offensichtliches hin: Wir alle haben eine *Reaktionszeit*. So nennt man die Zeit, die wir brauchen, um auf etwas zu reagieren. Wir erleben sie, wenn wir sehen, wie ein Glas herunterfällt, und versuchen, es mit der Hand aufzufangen, es aber verfehlen. Doch wie das Video von dem Blitzeinschlag zeigt, geschehen all unsere Erfahrungen in einer Reaktionszeit, und diese ist tatsächlich ziemlich lang. Das heißt, bei allem, was geschieht, hinken wir der Wirklichkeit immer um ein Fingerschnippen hinterher.

Kehren wir nun zu unserer Frage zurück. Was passiert in dem Fingerschnippen zwischen Ereignissen und unserer Reaktion auf diese? Was liegt dort? Die Praxis der Meditation macht sichtbar, dass in dieser Lücke etwas wirklich Wichtiges geschieht. In dieser knappen halben Sekunde, die wir brauchen, um etwas zu erfahren, wird unsere Erfahrung konfiguriert, eingefärbt, beeinflusst, nicht nur durch unsere Sinneseindrücke, sondern auch durch unsere Überzeugungen und alle früheren Erfahrungen, gute wie schlechte. Diese Einflüsse machen uns zu den Menschen, die wir sind. Das Problem ist, wir reagieren dann auf diese konfigurierte (oder konstruierte) Erfahrung, wir nehmen sie wahr, als sei sie die eigentliche Welt. Wir reagieren also auf das Bild, das wir selbst erzeugt haben, als sei es uneingeschränkt real. Diese Blindheit für unsere eigene Situation ist der Grund, weshalb wir uns so oft nervös, ängstlich und unbehaglich fühlen, irgendwie neben der Spur, ohne recht zu wissen, warum. Oft werden wir von Dingen getriggert und kennen den Grund nicht. Unsere Blindheit für all diese unbewusste, reflexive Reaktivität ist eine wesentliche Ursache für Stress.

Wenn wir erkennen, wie diese Reaktivität zustande kommt und wie wir sie kontrollieren können, entwickeln wir Resilienz, werden flexibler und lernen, mit Situationen umzugehen, wie sie sind, anstatt nur darauf zu reagieren. Wir werden nachsichtiger. Das ist nicht dasselbe wie teilnahmslos zu werden; vielmehr bedeutet es, dass wir die Fähigkeit entwickeln, unsere Reaktivität zu verstehen und somit zu reduzieren. Das ist eine der wunderbaren Früchte der Meditation.

Shamata und *Vipassana*

Die Praxis der Meditation hat zwei Elemente. Das erste ist die Ruhe-Meditation. In Pali, der Sprache des alten Indien, wo diese Meditation entwickelt wurde, heißt sie *Shamata.* Stellen Sie sich vor, Sie haben ein Glas Wasser. Es ist voll mit Kreidestaub oder feinem Schlamm, und wenn Sie darin rühren, wird alles aufgewirbelt, sodass das Wasser sich trübt. Es wird völlig undurchsichtig. Aber wenn Sie das Glas auf den Tisch stellen und warten, setzen sich mit der Zeit all die Staub- und Schlammpartikel am Boden ab. Irgendwann ist das Wasser ganz klar. Man kann *Shamata* gut mit diesem Vorgang vergleichen. Bei *Shamata* lernen wir, die Dinge sein zu lassen, nicht zu reagieren, den Schlamm nicht aufzurühren und so unsere Sicht zu trüben. In *Shamata*-Meditationssitzungen geht es darum, die Reaktivität zu reduzieren, sodass unsere Psyche nicht die ganze Zeit angespannt ist und auf Ereignisse reagiert, die in unserer konstruierten Erfahrung auftreten. Diese Fähigkeit können wir in überraschend kurzer Zeit erlernen, vorausgesetzt, wir wissen genau, was wir tun.

Wie immer beim Erwerb neuer Fähigkeiten ist es wichtig, das Instrument zu verstehen, mit dem wir arbeiten — unseren eigenen Geist. Dieses unglaubliche Instrument ist das eine, worin wir geboren sind und worin wir sterben werden. Eigentlich wäre es ganz wunderbar, wenn wir alle mit einer Gebrauchsanleitung zur Welt kämen! Aber so, wie die Dinge liegen, müssen wir uns eben mit der Zeit einarbeiten. Wie können wir unsere Erfahrung sinnvoll beschreiben? Wir könnten sagen, unser Geist hat sechs Eingänge, wie ein Parallelprozessor mit sechs Kanälen: einen Eingang für jeden der fünf Sinne und einen für unsere Gedanken und Gefühle. Oder anders: Der Geist ist wie eine Stadt mit sechs Toren: wiederum eins für jeden der fünf Sinne und ein weiteres für Gedanken und Gefühle. Diese Tore sind die sechs Kanäle der Erfahrung.

In unserem kognitiven Prozess geschieht nun Folgendes: Unsere Aufmerksamkeit wird in jedem Moment auf Input über den einen oder anderen der Eingänge gerichtet, je nachdem, wie wichtig wir diesen einschätzen. Diese empfundene Wichtigkeit, die uns dazu bringt, diesem oder jenem Kanal Aufmerksamkeit zu schenken, hat oft etwas mit Bedrohung zu tun. Wenn unsere Sinne ein Muster wahrnehmen, das uns bedrohlich erscheint, wird unsere Aufmerksamkeit auf den betreffenden Sinneskanal gerichtet. Diese unbewusste Reaktivität erzeugt das Gefühl ständiger Unruhe, das wir so oft erleben.

Es fällt schwer, mit allen sechs Kanälen gleichzeitig zu arbeiten. Um unsere Reaktivität zu vermindern, vereinfachen viele Meditationstechniken unsere Erfahrung, indem sie den Fokus auf einen der Kanäle legen. Die anderen fünf sollen wir dabei ignorieren. Das versetzt uns in die Lage, unsere Reaktivität in Bezug auf einen einzigen Kanal besser zu kontrollieren, anstatt uns mit allen sechs gleichzeitig zu beschäftigen. Der Effekt ist, dass alle unsere Sinne beruhigt werden. Wenn wir die Reaktivität an einem der Eingänge vermindern können, macht das auch die übrigen weniger reaktiv. Staub und Schlamm im Glas beginnen sich zu setzen, das Wasser unserer Erfahrung wird allmählich weniger trüb und wir beginnen, klarer zu sehen.

Diese Klarheit heißt in der Sprache des alten Indien *Vipassana*. *Passana* bedeutet «sehen», und *Vi* heißt «speziell» oder «klar» — «klar sehen». Das ist das andere Element der Meditation. Klarsicht ist die Frucht der Ruhe. Wir können klar sehen, wenn all der Staub und Schlamm im Wasserglas sich gesetzt haben. *Vipassana* ist also eine Folge von *Shamata*. Anders ausgedrückt, solange wir *Shamata* nicht erreicht haben, ist *Vipassana* nicht möglich, weil das Wasser so getrübt ist, dass wir nichts sehen können.

ÜBUNG
Eine Kerze betrachten

Wenden wir uns nun der Frage zu, wie wir uns der Praxis von *Shamata* annähern können. Wichtig ist, dass wir verstehen, was wir tun, und ganz bei der Sache sind — dann genügen drei Minuten täglich. Mit diesem Buch zu arbeiten, heißt, sich darauf einzulassen, die Übungen täglich drei Minuten lang zu versuchen. Mehr nicht. Wer besonders ambitioniert ist, kann sie auch zweimal täglich für drei Minuten praktizieren, vielleicht morgens und abends, aber eigentlich braucht es nicht mehr als einmal täglich drei Minuten. Für die Übung dieser Woche ist entscheidend, eine klare Absicht und ein gutes Verständnis davon zu haben, dass wir unsere Erfahrung auf einen der Sinneskanäle beschränken und uns ganz darauf fokussieren.

Wir können damit beginnen, unsere vertraute Fähigkeit der Konzentration zu nutzen — etwas, wozu wir von klein auf angehalten wurden —, um uns auf einen Sinneskanal zu fokussieren und die anderen auszublenden. Das ist eine sehr bekannte Meditationstechnik. In der alten yogischen Tradition heißt sie *Trataka*. Man kann diese Technik mit jedem Sinn praktizieren, zum Beispiel auch mit dem Gehör oder dem Tastsinn, aber da das Sehen unser dominanter Kanal ist, liegt es nahe, damit anzufangen. Zum Einstieg eignet sich besonders gut die Betrachtung einer Kerzenflamme.

Wir zünden eine Kerze an und richten unseren Blick für drei Minuten auf die Flamme. Sie zittert und flackert ein wenig, und hin und wieder wird auch unsere Konzentration schwanken. Wir lenken unsere Aufmerksamkeit dann einfach wieder auf das Betrachten der Flamme zurück. Übrigens ist es sogar gut, dass die Kerzenflamme leicht in Bewegung ist. Bei einem statischen Objekt wie etwa einer Statue verfällt man leicht in glasiges Starren und verliert den Fokus, weil nichts passiert; es ist nicht fesselnd genug. Dieses leere Starren ist aber nicht konzentrierte Aufmerksamkeit.

Nehmen Sie eine beliebige Kerze und stellen Sie sie in etwa fünfzehn Zentimeter Entfernung vor sich auf. Sitzen Sie in bequemer Haltung, möglichst mit geradem Rücken, sodass Sie stabil und im Gleichgewicht sind. Dann richten Sie den Blick auf die Kerzenflamme. Wenn Ihre Konzentration zwischendurch abschweift, holen Sie sie immer wieder zurück.

Indem wir das tun, trainieren wir allmählich unsere Aufmerksamkeit und bringen sie dazu, bei diesem Gegenstand zu verweilen. Dabei ist es nicht nötig, sich mit irgendwelchen Erklärungen zu beschäftigen, sich zu sagen, dass wir es aus diesem oder jenem Grund tun. Wir schauen nur.

Wann immer ein Gedanke auftaucht oder ein Geräusch ertönt, wird unsere Aufmerksamkeit auf einen anderen Kanal gelenkt. Wir holen sie dann einfach zurück und richten sie wieder auf die Flamme. Wenn wir das die nächsten sieben Tage lang täglich drei Minuten tun, legen wir damit die Basis für den nächsten Schritt.

Man könnte sagen, *Shamata* ist dann gelungen, wenn unsere Konzentration so stabil und mühelos geworden ist, dass sie durch nichts mehr gestört wird. Unser Geist wird flexibel, ruhig und gefügig, fähig, ohne Sorge oder Abwehr bei jedem Gegenstand unserer Wahl zu verweilen. Und das ist eins der Ziele, auf die wir hinarbeiten.

Die fünf Hindernisse

Es gibt fünf Hindernisse, die sofort in Erscheinung treten, wenn wir so etwas praktizieren. In Meditationshandbüchern heißen sie die fünf *Nivarana* oder auch die fünf Hemmnisse. Es handelt sich um zwei Paare und ein einzelnes ohne Gegenpart. Aufgeregtheit und Stumpfheit bilden das erste Paar. Aufgeregtheit oder Unruhe ist das, was viele von uns wahrnehmen, wenn wir ruhig dasitzen. Sie brodelt wie ein aufgewühltes Meer unter der Oberfläche unseres Alltagsbewusstseins. Dieses innere Geplapper ist der erste Einblick in unseren Geistesapparat. Unser Geist arbeitet unablässig, nimmt Sinneseindrücke auf, gleicht sie mit früheren Erfahrungen ab und projiziert zukünftige Ergebnisse. Diese Aktivität hat für sich genommen einen hohen Wert in Bezug auf die menschliche Erkenntnisfähigkeit und Evolution, auch wenn sie eine Quelle von Stress ist. Diese bemerkenswerte Fähigkeit ermöglicht es uns, aus Erfahrungen zu lernen und unser zukünftiges Handeln nach ihnen auszurichten. Dadurch ist ein primitiver Affe über die Äonen zur Weltherrschaft aufgestiegen. Doch wenn wir anfangen, unseren Geist zur Ruhe zu bringen, wird uns all diese Aktivität plötzlich bewusst. In Wirklichkeit ist sie die ganze Zeit im Gange. Wir nehmen sie nur nicht wahr.

Wenn wir unsere Aufmerksamkeit zurück auf die Kerzenflamme lenken, tritt mitunter das Gegenteil auf: Wir werden schläfrig oder matt. Diese Stumpfheit ist das nächste Hindernis — es ist, als seien wir plötzlich erschöpft. Auch hier besteht der Trick wieder darin, nicht zu stark dagegen anzukämpfen. Wir holen unsere Aufmerksamkeit geduldig wieder zur Kerzenflamme zurück. Es sind doch nur drei Minuten!

Das zweite Paar Hindernisse manifestiert sich als zwei Arten störender Gedanken. Bei der einen Sorte schweifen wir in Tagträume von Dingen ab, zu denen wir uns hingezogen fühlen —

Dingen, die wir gerne hätten. Bei der anderen Sorte schweifen wir in Gedanken über Dinge ab, die wir meiden oder verändern wollen. Aber auch mit dieser Tendenz zum Abschweifen, die sich in den *Nivarana* der Anziehung und Abneigung manifestiert, können wir geduldig umgehen. Solche Fantasien sind ganz normale geistige Aktivitäten — Planung und das Vorstellen von Szenarien —, die ständig vor sich gehen.

Und schließlich, wenn wir unsere Aufmerksamkeit zurückholen, manifestiert sich das fünfte *Nivarana*. Es ist der Zweifel — das letzte Hindernis für jede Veränderung. «Warum sollte ich das tun?», fragen wir uns. «Welchen Sinn hat es?» Wenn das geschieht, müssen wir einfach wieder die Zügel ergreifen, unsere Aufmerksamkeit zurück auf das Objekt, in diesem Fall die Kerzenflamme, lenken und sie darauf ruhen lassen, ohne Erklärungen zu liefern oder uns auf innere Diskussionen einzulassen. Es ist wie in dem Slogan von Nike — Just do it!

Fragen und Anmerkungen

Ist das letzte *Nivarana*, der Zweifel, so etwas wie «Wozu mache ich das hier eigentlich, ich habe doch wirklich Besseres zu tun»?

Ja. Es ist «Was soll das Ganze?». Wir werden später noch viel mehr damit zu tun bekommen. Es ist das ultimative *Nivarana*. Man könnte argumentieren: «Da draußen ist die reale Welt. Wir haben Atomwaffen. Wir haben leistungsfähige Mobiltelefone. Warum sollte man sich mit so was hier beschäftigen?» Dieser Zweifel ist ein sehr starker Impuls, hinter dem das Tor zur Weisheit liegt.

Ich habe bei dieser Übung festgestellt, dass ich meine Aufmerksamkeit auf unterschiedliche Art und Weise auf die Flamme richten kann. Zum Beispiel kann ich ihren Umrissen folgen, auf

sie starren oder die unterschiedlichen Formen beobachten, die entstehen, wenn sie sich bewegt. Oder sollte ich nur unfokussiert auf sie starren?

Starren und glasiger Blick führen zu einem der *Nivarana:* Man neigt dazu, in Stumpfheit zu verfallen. Das sollten Sie vermeiden; schauen Sie die Flamme einfach an. Wenn Sie möchten, können Sie ihre Eigenschaften betrachten, aber ohne sie innerlich zu kommentieren. Sie werden viel Widerstand von Ihrem Parallelprozessor mit den sechs Kanälen erfahren, der versuchen wird, intensiv hinzuschauen, zu untersuchen oder aber geistig wegzutreten. Versuchen Sie, all das nicht zu tun. Bleiben Sie bei dem Gegenstand, ohne irgendeine weitere Absicht.

Es fällt mir leichter, bei einem Gegenstand zu bleiben und nicht einzuschlafen oder abgelenkt zu werden, wenn es ein Gegenstand ist, der mich interessiert. Zum Beispiel habe ich Bilder von Seen und Flüssen betrachtet, und ich fand es leichter, mich darauf zu fokussieren. Bei der Kerzenflamme werde ich schneller abgelenkt.

Sie lassen sich von Ihrem Geistesapparat in die Irre führen. Es geht uns nicht darum, interessiert zu sein. Es geht einzig darum, unsere Aufmerksamkeit auf einen bestimmten Gegenstand zu richten. Das ist ein erster Schritt. Wir sagen zu unserem Geistesapparat: «Stopp. Tu das und weiter nichts.» Er wird immer seine kleinen Spielchen mit uns treiben. Statt in der Aufmerksamkeit zu bleiben, fangen wir oft an, den Gegenstand zu kommentieren. Dann hört der Gegenstand auf zu existieren, und der Kommentar nimmt uns ganz in Anspruch. Wir werden in den folgenden Sitzungen noch darauf eingehen. Zunächst einmal gilt: Holen Sie Ihre Aufmerksamkeit immer wieder zu der Kerzenflamme zurück.

Lesen Sie erst weiter, wenn Sie
die vorige Übung sieben Tage lang
praktiziert haben!

KAPITEL ZWEI

SPRÖDHEIT ÜBERWINDEN

Wir leben in einer Kultur, die Konzentration einen hohen Stellenwert zuschreibt. Wir alle bekamen in der Schule jahrelang von unseren Lehrern zu hören: «Konzentrier dich! Lass dich nicht ablenken!» Das schulische Prüfungssystem hebt diese Fähigkeit hervor, eng zu fokussieren und sich auf eine bestimmte Aufgabe zu konzentrieren. Wir sind gewohnt, diese Art Konzentration einzusetzen, um Aufgaben zu bewältigen. Wenn wir versuchen, unseren Geist auf einem Gegenstand ruhen zu lassen, neigen wir dazu, uns auf diesen Gegenstand zu konzentrieren. Wir verwechseln Aufmerksamkeit mit Konzentration. Wir glauben, bei der Aufforderung, «im Hier und Jetzt zu sein», ginge es darum, sich auf das Hier und Jetzt zu konzentrieren, sodass nichts unserer Aufmerksamkeit entgeht.

Diese Art Konzentration ist brüchig. Das bedeutet, wenn wir uns auf eine Sache konzentrieren, machen andere Dinge unsere Konzentration zunichte. Meist sind es Gedanken, die uns ablenken. Wenn wir also versuchen, uns auf eine Kerzenflamme zu konzentrieren, tauchen Gedanken auf. Wir müssen uns dann daran erinnern, uns auf die Kerzenflamme zu konzentrieren, und zu ihr zurückkehren. Doch selbst wenn es uns gelingt, unsere Gedanken zu zügeln, lenken stattdessen Umgebungsgeräusche unsere Konzentration ab — irgendwo schlägt jemand eine Autotür zu oder arbeitet mit einem Pressluftbohrer, oder es spielt Musik. Dieses Gefühl, dass die Konzentration brüchig ist und leicht gestört wird, ist eine sehr verbreitete Erfahrung.

Wenn unsere Konzentration spröde ist, wird es uns wahrscheinlich nicht gelingen, sie sehr weit zu vertiefen, ehe irgendeine Störung daherkommt. Wir leben in einer Welt voller Unwägbarkeiten, umgeben von anderen Menschen, und ehe wir uns versehen, werden wir durch irgendein Geräusch oder Ereignis gestört, das sich unserer Kontrolle entzieht. Tatsächlich ist eins der größten Missverständnisse bezüglich der Ruhe-Meditation, *Shamata*, es handele sich dabei lediglich um konzentrierte Meditation.

Es gibt einen Weg, dieses Problem anzugehen. Die frühen Praktiker der Meditation haben die Konzentration in zwei Phasen klassifiziert, und diese Analyse erweist sich als äußerst hilfreich. Die erste Phase heißt *Vitakka*, die zweite *Vicara*. *Vitakka* ist das geistige Vermögen, unsere Aufmerksamkeit zu lenken, sie willentlich auf etwas zu richten. Die Aufmerksamkeit wird gebündelt. *Vitakka* bezeichnet also die Fähigkeit, sich bewusst auf etwas zu fokussieren. Das entspricht in etwa unserem Alltagsverständnis von Konzentration, nur dass es etwas technischer ist.

Die zweite Phase heißt *Vicara*. *Vicara* ist die Fähigkeit, bei dem Gegenstand, auf den wir uns fokussiert haben, zu verweilen, ihn auszukosten. Die erste Phase der Konzentration ist also *Vitakka*, die zweite *Vicara*. Es ist ein wenig so, wie wenn man ein Stück Schokolade nimmt und es in den Mund steckt. Die erste Reaktion ist: «Ah, das ist Schokolade!» Das ist *Vitakka*. *Vicara* ist, wenn man die Schokolade dann schmeckt, die Erfahrung auskostet. Sie haben die Schokolade im Mund, Sie haben Ihre Aufmerksamkeit auf sie gerichtet, Sie sind konzentriert — aber jetzt schmecken Sie die Schokolade. Diese zweite Phase ist eine andauernde Erfahrung, keine momentane.

Vitakka ist, wenn Sie die Kaffeetasse an den Mund heben. *Vicara* ist, das Aroma zu genießen und den Koffeinstoß zu spüren, wenn wir die ersten Schlucke trinken. Hier passiert es leicht, dass wir die falsche Richtung einschlagen: Nachdem wir unsere Aufmerksamkeit auf ein Objekt fokussiert haben, verweilen wir nicht bei diesem Objekt. Wir ersetzen es durch eine Vorstellung des Objekts. Statt den Gegenstand zu schmecken und auszukosten, fixieren wir ihn. Wir schütten ihn in uns hinein, schlingen unser Essen hinunter und nehmen dabei den Geschmack kaum wahr. Wir bekommen ein Gefühl der Unschärfe, als könnten wir den Gegenstand nicht in unserem Blickfeld oder unserer sinnlichen Wahrnehmung halten. Er beginnt zu verschwimmen, wenn unsere gebündelte, gerichtete Aufmerksamkeit sich erschöpft, und wir gleiten allmählich in einen ablenkenden Kommentar oder in eine Reaktion auf den Gegenstand ab. Wenn wir bei *Vitakka* hängenbleiben, ohne die verweilende Aufmerksamkeit von *Vicara*, verlieren wir gänzlich den Kontakt zur ursprünglichen Wahrnehmung.

Man könnte auch sagen, *Vitakka* ist wie ein Schlag gegen ein Objekt, und *Vicara* ist die Schwingung des Objekts nach dem Schlag. Ein klassisches Beispiel ist eine Glocke. Eine Glocke anzuschlagen, ist *Vitakka*, und der Klang, den sie dann abgibt, ist *Vicara*. Die Aufmerksamkeit auf den Gegenstand zu richten, ist *Vitakka*, *Vicara* jedoch ist das Vermögen, unsere Aufmerksamkeit dabei verweilen zu lassen. Wenn es sich um den verklingenden Ton einer Glocke handelt, lauschen wir also dem Ton, während er allmählich schwächer wird. Wir lassen uns durch die abnehmende Lautstärke nicht ablenken, sondern bleiben bei dem Ton, und natürlich wird es irgendwann ganz still. Aber wir lauschen noch immer.

Diese Fähigkeit, Aufmerksamkeit auf einem sich verändernden Gegenstand ruhen zu lassen, nimmt der Konzentration ihre Sprödheit. Wenn es uns gelingt, unsere Aufmerksamkeit bei einem Gegenstand verweilen zu lassen, während dieser allmählich aufhört zu sein, finden wir in der Konzentration selbst eine ruhige Weite. Unsere Konzentration hängt nicht länger davon ab, dass da ein Gegenstand ist, auf den wir uns konzentrieren können. Man könnte sagen, nachdem wir einem nachlassenden Sinneseindruck gefolgt sind, haben wir nun einen Zustand erreicht, der einfach darin besteht, fokussiert und aufmerksam zu sein.

Der Übergang von *Vitakka* zu *Vicara* ist eine wichtige Entwicklung, die unsere Meditation auf eine breitere Basis stellt. Innerhalb dieser verweilenden Konzentration können andere Eindrücke auftauchen. Normalerweise konzentrieren wir uns entweder auf einen Gegenstand oder lassen uns von einem anderen ablenken, doch nun können wir stattdessen in *Vicara* eintreten, einen Zustand, in dem wir konzentriert sind, ohne dass unsere Konzentration auf irgendeinen Gegenstand gerichtet ist. Wenn ein anderes Geräusch ertönt, dann taucht es innerhalb unserer Konzentration auf, nicht als Alternative zu ihr.

Wenn uns dieser Übergang gelingt, sind wir in der Lage, das Pferd der konzentrierten Aufmerksamkeit zu reiten. Wir können eine stabile Basis der Ruhe erzeugen. In diesem ruhigen Zustand treten Ereignisse auf, ohne dass wir durch sie abgelenkt werden. Und wir werden deshalb nicht abgelenkt, weil wir von *Vitakka* zu *Vicara* übergegangen sind, in einen Zustand ruhiger Konzentration.

Diese Fähigkeit zur ruhigen Konzentration ist außerordentlich wertvoll, wird jedoch in der westlichen Kultur nur selten klar identifiziert. Allerdings hört man Sportler davon reden, «in den Flow» zu kommen — das ist etwas ganz Ähnliches. Leistungssportler treten in einen Zustand der Konzentration ein, und wenn dieser stabil ist, werden sie durch nichts mehr abgelenkt. Natürlich haben manche Sportler Schwierigkeiten mit dem Flow, dann regen sie sich über Geräusche aus der Zuschauermenge auf oder über irgendwelche kleinen Zwischenfälle, und ihnen fällt der Übergang schwer. Dennoch, das Konzept des Flows kann man gut mit dem vergleichen, worum es uns hier geht. Man könnte sagen, dass wir in der Meditation versuchen, vollendete Sportler oder auch Künstler unserer eigenen Wahrnehmung zu werden. Und der Flow, der Zustand, den wir anstreben, ist ein Zustand der Ruhe. Statt dauernd auf unsere Sinneskanäle zu reagieren und immer wieder aus dem Gleichgewicht zu geraten, ruhen wir inmitten dessen, was um uns herum geschieht.

Ein anderer Aspekt dieser Unterscheidung zwischen *Vitakka* und *Vicara* bezieht sich auf die Anstrengung. *Vicara* kann anfangs sehr flüchtig sein. Das wird deutlich, wenn wir unsere fokussierte Aufmerksamkeit, die ein willentlicher Akt ist, aufgeben und beginnen zu verweilen, was ein Akt des Sich-Einlassens ist — wir verlieren dann anfangs schnell den Fokus. Wir sind es gewohnt, uns anzustrengen, und wenn wir damit aufhören, schweifen wir leicht ab und werden abgelenkt. Aber in gewisser Weise besteht das Verweilen im Sinne von *Vicara* gerade darin, die Anstrengung hinter uns zu lassen; wir treten in Beziehung zu dem, was auftaucht. Man braucht sich nicht anzustrengen, um Schokolade zu schmecken. Es erfordert vielleicht eine gewisse Anstrengung, ein Stück Schokolade zu nehmen und es in den Mund zu stecken, aber wenn man es einmal im Mund hat, ist es mühelos. Das ist die Qualität von *Vicara*, die wir anstreben. Es ist das Teilhaben, das Sich-Einlassen selbst.

Wenn wir *Vicara* üben, löst sich der Zustand anfangs schnell wieder in Ablenkung auf. Damit sollten wir rechnen. Statt dann frustriert zu werden, kehren wir zurück und richten unsere Aufmerksamkeit erneut auf das Objekt unserer Meditation, dann entspannen wir uns und lassen zu, dass unsere Erfahrung unser selbst und des Meditationsobjekts eins werden. Es ist ein wenig wie Tanzen im altmodischen Sinn, wenn man in Kontakt mit einer anderen Person ist. Indem man sich gemeinsam zur Musik bewegt, verschmelzen beide Partner zu einer Einheit und treten beide in einen Zustand des *Vicara* ein. Die Bewegungen der anderen Person und die eigenen sind miteinander verbunden, und man genießt die Erfahrung. Darum ist es so ein angenehmes Gefühl. Man geht von einem ersten Moment des Kontakts in ein andauerndes Verbundensein über.

Sich nur auf ein Meditationsobjekt zu fokussieren, führt immer zu Sprödheit, denn Subjekte verändern sich, Umstände verändern sich, und wenn das geschieht, wirkt es sich auf die Tiefe der Konzentration aus. Das ist der Grund, weshalb viele Praktizierende von sich sagen, sie könnten nur meditieren, wenn sie auf ihrem Meditationskissen sitzen. Sobald sie von ihrem Kissen aufstehen, endet der Zustand der Meditation. Wie können sie ihn wiedererlangen? Sie müssen sich wieder auf ihr Kissen setzen! Aber offen gesagt bringt das nicht viel. Am Ende müssen sie acht Stunden täglich meditieren, vielleicht sogar zehn Stunden. Ich habe bei Meditationsretreats solche Leute kennengelernt. «Ich meditiere zwanzig Stunden!» «Ich habe letzte Woche fünfzig Stunden meditiert!» — So in der Art. Wenn man so viel Zeit auf einem Kissen verbringen muss, dann stimmt vielleicht mit der Meditation etwas nicht.

ÜBUNG
Der Ton einer verklingenden Glocke

Diese Woche nutzen wir für unsere Meditation eine Glocke oder einen Gong und lassen den Ton ausklingen, bis es wieder still ist. Nachdem wir unsere Aufmerksamkeit auf die Glocke gerichtet und diese angeschlagen haben, bleiben wir bei dem Ton, während er verklingt. Dabei wird unsere Konzentration formlos. Wir konzentrieren uns nicht länger auf etwas. Wir entspannen den Fokus unserer Konzentration, sodass die Konzentration ihre Sprödheit verliert. Sie ist nicht mehr spröde, weil sie nicht auf ein bestimmtes Objekt gegründet ist. Wir haben dann einen Zustand der Konzentration, der flexibel und nicht anfällig für Störungen ist.

Sie können eine Glocke verwenden, einen Gong oder irgendeinen anderen Gegenstand, der einen nachhallenden Ton abgibt. Schlagen Sie das Objekt an und verweilen Sie dann bei dem ausklingenden Ton. Falls Sie keine Glocke und auch sonst nichts Geeignetes haben: Das Internet ist voll von Aufnahmen. Spielen Sie einfach eine ab, damit geht es auch. Verweilen Sie bei dem Ton, während er allmählich verklingt, und erleben Sie Ihre Fähigkeit, das zu tun. Anschließend können Sie noch ein wenig in der Stille verweilen, bis Sie abgelenkt werden, dann schlagen Sie noch einmal Ihre Glocke an oder spielen die Aufnahme erneut ab.

Tun Sie das täglich drei Minuten lang. Sie werden die Glocke in jeder Sitzung mehrere Male anschlagen, aber mit etwas Übung werden Sie Ihre Konzentration in der Stille immer länger halten können. Es ist der Übergang von *Vitakka*, der gerichteten Aufmerksamkeit, zu *Vicara*, der verweilenden Aufmerksamkeit. Wenn dieser Übergang gelingt, öffnet sich die Tür zu allen erdenklichen anderen Transformationen, die wir dann vollziehen können, um die Basis der Ruhe zu erweitern, die wir erzeugen.

Flexibel werden

Wenn eine Störung auftritt, sagen wir, dass sie unsere Konzentration «bricht». Dieser Ausdruck macht wiederum deutlich, dass unsere Konzentration spröde ist. Was würde geschehen, wenn unsere Konzentration weiter wäre, weniger verengt? Dann könnten Störungen einfach innerhalb des Zustands der Aufmerksamkeit auftreten, sie wären dann keine eindringenden Alternativen. Das ist wichtig. In einem solchen Zustand sind auftretende Ereignisse nämlich gar keine Störungen mehr, sondern sie werden zu Komponenten des Objekts der Aufmerksamkeit selbst transformiert. Aus diesem Grund ist der Übergang von *Trataka* (Meditation auf ein einzelnes Objekt wie eine Kerzenflamme) zu *Vitakka-Vicara* sehr wertvoll. Indem wir diesen Übergang vollziehen, überwinden wir ein wesentliches Hindernis für die Entwicklung einer stabilen Meditationspraxis: Unsere Meditation wird ortsunabhängig. Wir brauchen nicht mehr auf unserem Meditationskissen zu sitzen. Wir können unsere erstarkende Fähigkeit da einsetzen, wo sie hingehört, nämlich in unserem wirklichen Erleben, statt in unserem Leben eine spezielle Nische dafür zu schaffen, morgens oder an bestimmten Tagen im Jahr — mit anderen Worten, dort, wo wir förmliche Meditation ausüben.

Fragen und Anmerkungen

Wenn man mit einer Glocke arbeitet, was sollte man dann tun, nachdem die Glocke verstummt ist?

Lauschen Sie der Stille, nachdem der Ton verklungen ist. Wenn Sie merken, dass es Ihnen nicht gelingt, bei der Stille zu verweilen, lassen Sie die Glocke noch einmal ertönen. Auch das ist völlig in Ordnung. Es ist ein Tanz. Wir lernen, mit *Vitakka* und *Vicara* zu tanzen.

Ich habe beobachtet, dass, wenn der Ton verklingt, andere Geräusche sozusagen gleichrangig werden. Ich nehme an, ich sollte versuchen, den Ton der Glocke im Vordergrund zu halten, auch wenn die anderen auftretenden Geräusche in meiner Hörwahrnehmung in diesem Moment vielleicht lauter sind. Sollten wir

also versuchen, die anderen Geräusche auszublenden, wenn der Glockenton verklingt? Sollten wir versuchen, bei dem schwächer werdenden Ton zu bleiben und Dingen, die von anderswo kommen, keine Aufmerksamkeit zu schenken?

Wenn Sie erst einmal die Fähigkeit aufgebaut haben, bei dem schwächer werdenden Ton zu bleiben, können Sie ruhig zulassen, dass auch andere Geräusche zu Objekten werden, bei denen Sie dann ebenfalls verweilen. Sie brauchen nicht bei dem einen Glockenton zu bleiben, als sei etwas Magisches daran. Sie können zu einem anderen Laut übergehen und diesen ausklingen lassen. Bei *Vicara* geht es darum, dass wir uns erlauben, die Erfahrung auszukosten, ohne ein bestimmtes Element daraus auszuwählen. Plötzlich erkennen wir, dass im Grunde alle Erfahrungen gleich sind. Was sie verschieden macht, ist die Art und Weise, wie wir auf sie reagieren.

Wenn Sie beginnen, das zu erkennen, wird *Vicara* ein Schlüssel zu dieser Gleichheit aller Erfahrung, und am Ende steht alles auf derselben Ebene, als etwas, das wir auskosten können. Deshalb ist diese Fähigkeit so wertvoll. Zur Übung für den Einstieg ist es also wichtig, dem verklingenden Ton zu folgen. Aber wenn wir einmal damit vertraut sind, bei diesem sich verändernden Klang zu verweilen, können wir zulassen, dass andere Klänge und Geräusche hinzukommen. Das erzeugt eine viel breitere Basis für Ruhe.

Wenn ich mich mit *Vitakka-Vicara* beschäftige, habe ich das Gefühl, aus meinem Kopf hinunter in den Körper zu sinken. Erleben andere es auch so?

Ja. Viele Kulturen lehren, dass das Zentrum unseres Seins in Wirklichkeit das Herz ist, nicht der Kopf. Diese Wahrnehmung ist ein Aspekt davon, verkörpert zu werden. Tatsächlich könnte man das, worum es uns geht, mit dem Begriff *Verkörperung* beschreiben und die Bezeichnung *Meditation* völlig weglassen. Allerdings bringt das Wort *Verkörperung* seine eigenen gedanklichen Verknüpfungen mit. Überhaupt wird jedes Wort, das man benutzen könnte, in irgendeinem Aspekt nicht passend sein. Jedenfalls — ja, Teil dieser Übung ist der Wechsel vom Gedanklichen zur Sinneswahrnehmung, und das fühlt sich an wie eine Abwärtsbewegung.

Könnte man für die Meditation auch Schokolade nutzen?

Ja, ich denke schon, wenn Sie gern tafelweise Schokolade essen möchten. Das ist eigentlich eine ganz coole Idee! Sie können jeden Sinneskanal nutzen. Sie könnten auch das Gefühl von Seide an Ihren Fingern nehmen oder von einer Feder, die über Ihr Gesicht streicht. Welchen Sinneskanal Sie wählen, spielt keine Rolle.

Beim Meditieren geht es nicht darum, woher der Sinneseindruck kommt; es geht um Ihre Reaktion darauf. Also, ja, wenn Sie möchten, essen Sie Schokolade! Ich nehme an, nach einiger Zeit könnte es Ihnen langweilig werden, Schokolade in den Mund zu stecken und sie zu schmecken. Aber wenn Sie ohnehin Schokolade in rauen Mengen essen, warum nicht? Das könnte funktionieren. Jede Sinneswahrnehmung kann als Objekt von *Shamata* genutzt werden. Jeder der Kanäle. Später werden wir das Denken selbst in den Blick nehmen, das ist das ultimative Meditationsobjekt. Aber ehe wir in der Lage sind, das Denken zu betrachten, müssen wir zunächst geistige Fähigkeiten entwickeln, mit denen die meisten von uns noch keine Erfahrung haben. Wir werden durch Gedanken abgelenkt, deshalb können wir sie nicht betrachten. Doch mit der Zeit entwickelt sich die Fähigkeit, Gedanken direkt zu betrachten, und das bedeutet natürlich, dass wir ein Bewusstsein für den mächtigsten Kanal von allen erlangen.

Unterm Strich kann man aber sagen, dass der Kanal des Hörens, den wir mithilfe eines Glockentons nutzen, für die meisten von uns einen gut geeigneten, besonders einfachen Zugang darstellt.

Lesen Sie erst weiter, wenn Sie
die vorige Übung sieben Tage lang
praktiziert haben!

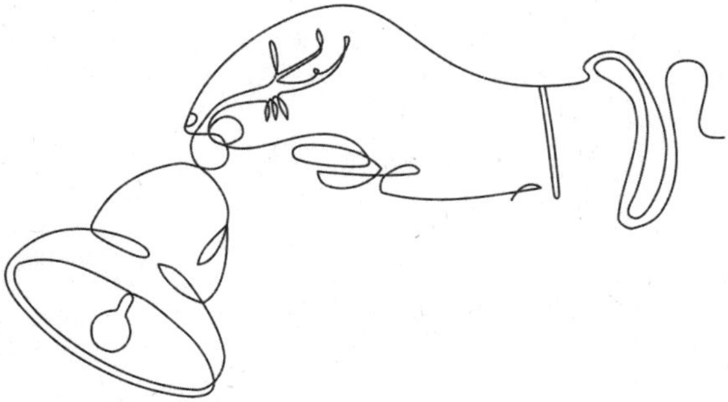

KAPITEL DREI

AUF DEN TASTSINN KONZENTRIEREN

In jedem Moment der Erfahrung erzeugen wir eine Ansicht, gewissermaßen ein Bild, das den Input durch unsere Sinneskanäle in einen sinnvollen Zusammenhang bringt. Das ist die Hauptaufgabe unseres kognitiven Apparats. Denken Sie noch einmal an den im ersten Kapitel erwähnten Mann, der fast vom Blitz getroffen wurde. Der Augenblick, der zwischen dem eigentlichen Blitzeinschlag und dem Beginn seiner Reaktion verstreicht, ist die Zeitspanne, in der das Bild erzeugt wird. Natürlich war die erste Reaktion vielleicht nicht ganz bewusst, und die Nachwirkungen im Sinne von Reaktionen aufgrund eines Narrativs des Geschehenen hielten sicher noch lange danach an. Aber jedenfalls wird das Abbild beständig von einem Moment zum nächsten erzeugt und entsteht immer leicht zeitversetzt zu den Sinneseindrücken, die es auslösen.

Später wird diese Abbild erzeugende Aktivität noch zum wesentlichen Gegenstand des Interesses in unserer Meditationspraxis. Für uns ergeben sich daraus Schwierigkeiten, weil dieser Prozess, der Welt Sinn abzugewinnen, nicht nur darin besteht, das zu interpretieren, was unsere Sinne uns sagen, sondern auch in vielfältiger Weise durch unsere früheren Erfahrungen, unsere Überzeugungen und unsere Erziehung gefärbt ist. Deshalb kann ein Bewusstsein dafür, wie wir das Bild erzeugen, zu größerer Resilienz führen, wenn sich die Dinge nicht so entwickeln wie von uns erwartet.

Die Entwicklung von *Vitakka* ist ein großer Schritt in diese Richtung, selbst wenn es spröde ist. Indem wir die Fähigkeit entwickeln, unsere Aufmerksamkeit gezielt zu steuern, können wir allmählich die spontane Reaktivität überwinden, die wir sonst erleben, bei der unsere Aufmerksamkeit ständig von diesem oder jenem abgelenkt wird, ohne dass wir sie kontrollieren könnten. Aber wenn wir dann den Tanz des *Vicara* beginnen, unsere Erfahrung auskosten, anstatt nur auf sie zu reagieren, beginnt sich etwas grundlegend anderes zu manifestieren. Wir lösen uns allmählich von klaren Erwartungen und Vorstellungen über Ergebnisse und treten stattdessen mit dem Fluss der Ereignisse selbst in Beziehung. Wenn *Vicara* richtig entwickelt ist, führen Ablenkungen uns nicht mehr vom Gegenstand unserer Aufmerksamkeit weg, sondern werden Bestandteil unserer Konzentration — das macht gerade den Reiz von *Vicara* aus. Die Ablenkungen werden zu einem weiteren Aspekt von *Vicara*. Wenn Sie zum Beispiel Ihr Abendessen genießen, dann ist es kein Problem, wenn ein anderer Geschmack dazukommt — Sie schmecken ihn einfach auch. Ihre Aufmerksamkeit ist nicht länger spröde.

Jedem Augenblick unserer gelebten Erfahrung unterliegt etwas, das man treffend als *primordial* oder ursprünglich bezeichnen kann. Das bedeutet, am Anfang jeder Wahrnehmung laufen Ereignisse ab, bevor wir sie innerlich mit Etiketten wie *vergangen* oder *gegenwärtig* und mit allerlei Wertungen und Beurteilungen versehen. Ein gutes Beispiel ist, wenn etwas uns erschreckt. Nach einem solchen Ereignis erleben wir einen kurzen Moment der Klarheit ohne irgendwelchen Inhalt. Wenn wir solche Augenblicke wahrnehmen, beginnen wir zu sehen, wie das Bild sich neu einrichtet und ein Narrativ zu dem Geschehenen liefert. Sich eines solchen Prozesses bewusst zu werden, heißt, eine Form des Wissens zu entdecken, die wahrhaftig alle Aspekte unseres Daseins durchdringt.

Das klassische Vehikel für *Vitakka* und *Vicara* ist die Atemmeditation. Sie wird mitunter auch Achtsamkeitsmeditation genannt. Es ist eine *Shamata*-Meditation, bei der wir unsere Aufmerksamkeit auf ein ständig in Bewegung befindliches Objekt richten. Statt des Flackerns einer Kerzenflamme oder des Verklingens einer Glocke nehmen wir das Gefühl des Ein- und Ausatmens wahr. *Vitakka* richtet die Aufmerksamkeit auf die Empfindung, normalerweise auf die ganz leichten Sinnesreize, wenn der Atem durch die Nasenlöcher ein- und ausströmt oder Bauch oder Brust sich heben und senken. Das *Vicara*-Element ist, dabei zu verweilen und nicht abzuschweifen. Wenn wir bei dem Gefühl bleiben, verändert sich das Objekt, während wir uns von jeder vorgefassten Vorstellung dessen, was wir tun, lösen. Man könnte sagen, wir dringen «unter» die Vorstellung des Atmens zu der eigentlichen Empfindung vor.

Was wir hier anstreben, ist eine geistige Fähigkeit, die es uns ermöglicht, unseren eigenen Zustand zu betrachten, wie er sich über die Zeit entwickelt, wie er sich verändert, wenn uns Dinge widerfahren. Dazu müssen wir *Vicara* entwickeln. Sonst wird es uns nie gelingen, und wir sitzen nur reglos auf einem Meditationskissen. Das ist okay, solange wir bewegungslos so verharren können, aber sobald wir aufstehen, ist alles dahin! Wenn wir aufstehen, ist natürlich sofort wieder alles in beständigem Wandel, und damit kommt unsere spröde Konzentration nicht zurecht. Es ist ganz amüsant zu sehen, wie sich das in den Statuen des Buddha widerspiegelt. Meditation ist mit dem Buddha assoziiert, und er wird normalerweise sitzend dargestellt, in sehr förmlicher Pose. Aber was ist eigentlich mit einer Statue des Buddha beim Zähneputzen oder beim Mittagessen? Die Überlieferungen besagen, dass er diese Dinge getan hat, dennoch gibt es keine Bilder oder Statuen davon! Das Problem sind wir selbst: Unsere Vorstellung davon, wie Meditation auszusehen hat, ist statisch.

Normalerweise haben wir keinen Zugang zu dieser weiteren Erfahrung der Konzentration, weil wir unmittelbar auf das reagieren, was uns begegnet. Und da das mit jeder auftretenden Wahrnehmung passiert, erleben die meisten von uns kaum jemals etwas außerhalb unseres bekannten und katalogisierten Repertoires an Erfahrungen, die in diesen Reaktionen auftreten. Wir nennen diesen Katalog «die Welt», und wir befinden uns darin. Wie weiter oben schon erwähnt, ist die einzige Ausnahme von dieser Erfahrung ein katastrophales oder völlig unerwartetes Ereignis, das uns widerfährt, sodass wir einen kurzen Schockmoment erleben. Selbst nach einer solchen Unterbrechung rekonstruiert unsere «Welt» sich schnell wieder selbst. Direktes Erleben ohne einen Katalog des Bekannten ist für uns so ungewohnt, dass es fast scheint, als könnten wir damit nicht umgehen. Aber wie wäre es, eine Alternative zu haben, eine bewusste Wahrnehmung ohne die festen Strukturen von Selbst und Fremd und ohne die drei zeitlichen Kategorien von Vergangenheit, Gegenwart und Zukunft? Wir alle erhaschen mitunter einen kurzen Blick auf eine solche Seinsweise — vielleicht wenn wir von großer Schönheit oder einer überwältigenden Erfahrung berührt sind —, doch das sind flüchtige Momente, die sich unserer Kontrolle zu entziehen scheinen. Meditation ist eine Praxis, mit der wir eine Fähigkeit entwickeln, uns solchen Erfahrungen anzunähern und darin zu verweilen.

In dieser Phase unserer Meditationsreise schaffen wir also eine Basis, von der aus wir statische Modelle überwinden können. Um das zu tun, müssen wir einen sicheren Raum erzeugen. Wir sind zerbrechlich. Wenn wir das Bekannte hinter uns lassen, uns ins Unbekannte begeben, gehen wir ein Risiko ein. Unsere Psyche ist darauf ausgelegt, uns am Leben und in Sicherheit zu halten, deshalb lässt sie ein solches Verhalten nicht zu, ohne zu verhandeln. Immerhin hat sie uns bis hierher gebracht. Wir haben aus früherer Erfahrung gelernt und sind darin geschult, was gut ist und was schlecht, und unsere natürliche Intelligenz versorgt uns automatisch mit Informationen, um zu verhindern, dass wir gefährliche Dinge tun. Wenn wir über diesen sicheren Bereich hinausgehen wollen, müssen wir einen Prozess des Verhandelns mit unserer eigenen Psyche durchlaufen. Wir müssen sie überzeugen, dass es ungefährlich ist, diese Erkenntnisblase zu verlassen, die uns eine Welt bekannter Dinge liefert. Es ist nicht normal, über diesen Punkt hinauszugehen, deshalb empfinden wir oft einen Widerstand dagegen, hören eine innere Stimme, die uns sagt: «Das hier ist unnatürlich. Du solltest das nicht tun.» Diese inhärente Vorsicht ist eine der wesentlichen Triebkräfte des Zweifels, den wir alle erleben. Aber noch einmal: Wir können geduldig sein und diese Sorge verstehen. Unsere Aufgabe ist, stetige, allmähliche Fortschritte zu machen, nicht, uns Hals über Kopf in eine potenziell gefährliche und unbekannte Situation hineinzustürzen.

ÜBUNG

Den Atem spüren

Wir haben damit angefangen, eine Kerze zu betrachten, und sind dann dazu übergegangen, dem verklingenden Ton einer Glocke zu lauschen. Bei der Kerze haben wir die Augen als Sinneskanal genutzt, bei der Glocke haben wir mit dem Gehör gearbeitet. Als Nächstes wenden wir uns nun dem Tastsinn zu. Dazu könnten Sie natürlich einfach spüren, wie das Gewicht Ihres Körpers auf einem Stuhl ruht. Das wäre ein völlig legitimes Meditationsobjekt, aber da es kaum Veränderung bietet, fällt es schwer, die Aufmerksamkeit dauerhaft darauf ruhen zu lassen.

Was macht den Atem so geeignet? Da wir ständig atmen, ist er ein in stetigem Wandel befindliches Meditationsobjekt, das wir in unserer Übung zum Gegenstand von *Vitakka* und *Vicara* machen können. Beim Atmen treten zwei Empfindungen auf. Wenn wir den Mund leicht schließen, spüren wir als Erstes, wie die Luft durch die Nasenlöcher ein- und ausströmt. Die zweite Empfindung ist das Gefühl, wie unsere Brust oder der Bauch sich beim Atmen ausdehnt und wieder zusammenzieht. Jede dieser Empfindungen ist bestens als Meditationsobjekt geeignet.

Genau wie bei der Kerze und der Glocke richten Sie für drei Minuten Ihre Aufmerksamkeit gezielt auf diese Empfindung des Atems, so intensiv, dass Sie andere Empfindungen oder Ereignisse, die über andere Sinneskanäle auf Sie einströmen, ausblenden. Das ist eine klassische *Vitakka*-Übung. Normalerweise wird dazu geraten, die Augen bei dieser Meditation geschlossen zu halten, damit dieser Sinneskanal nicht für anderen Input offen ist. Um auch auditorische Wahrnehmungen auszuschließen, sitzen wir in einem stillen Raum.

Nachdem wir Kontakt mit der Empfindung des Atems aufgenommen haben, bleiben wir bei ihr. Das ist *Vicara.* Indem wir dem Ein- und Ausatem folgen, ohne den Atem dabei zu beeinflussen, können wir *Vicara* entwickeln und die Konzentration zu einer immer breiter werdenden Basis der Aufmerksamkeit ausweiten. Wir lassen das Spüren des Atems beständig andauern, kosten es aus — ein Thema, auf das wir später noch zurückkommen werden.

Mühelosigkeit lernen

Der Atem ist ein kraftvolles und klassisches Meditationsobjekt. In unseren drei Minuten nutzen wir entweder die Empfindung in den Nasenlöchern oder in unserem Bauch oder der Brust oder wo immer wir spüren, wie unser Körper beim Atmen die Kleidung berührt. Es gibt keinen bestimmten Grund, die eine oder andere Empfindung vorzuziehen. Die Kühle der Luft an der Nase ist ebenso gut geeignet wie ein leichtes Gefühl der Bewegung, wenn der Stoff unserer Kleidung die Brust streift oder ein Muskel im Bauch sich dehnt und wieder zusammenzieht. Beim Atmen treten die unterschiedlichsten Empfindungen auf, die wir normalerweise überhaupt nicht bewusst wahrnehmen, und Sie können irgendeine davon auswählen. Welche, spielt keine Rolle. Wichtig ist, dass wir uns für eine entscheiden, unsere Aufmerksamkeit darauf richten und bei ihr verweilen. Und dann tun wir drei Minuten lang nichts als das.

Nun gilt natürlich wieder dasselbe wie zuvor, wann immer Gedanken auftauchen. Wie bereits in Kapitel eins erwähnt, zählen Gedanken oder Tagträume, ausgelöst von Verlangen oder Abneigung, zu den fünf Hindernissen – Aufgeregtheit und Stumpfheit, Anziehung und Abneigung, Zweifel. Man könnte sie sogar als unsere gewohnheitsmäßigen «Kartografen» betrachten, die sicherstellen, dass alles okay ist. Jedenfalls, wenn wir solche Gedanken bemerken, halten wir inne, richten unsere Aufmerksamkeit wieder auf unser Objekt und stellen erneut *Vicara* her. Wir kämpfen nicht gegen die Gedanken an, das wäre sinnlos. Schließlich wäre schon die bloße Vorstellung, sich anzustrengen, um angesichts solcher Ablenkungen nicht abgelenkt zu werden, eine Ablenkung! Das Bemühen zu meditieren ist selbst nicht Meditation. Aber es sind ja nur drei Minuten, also können wir geduldig damit umgehen.

Meditation heißt, Mühelosigkeit zu lernen. Das bedeutet, wir machen eine Empfindung, die ohnehin bereits da ist, zu unserem Meditationsobjekt; wir tun nichts, als dabei zu verweilen und die Empfindung auszukosten. Wenn also ein Moment der Ablenkung auftaucht und wir unversehens auf dem Zauberteppich unseres Kartografen davonfliegen, durch Szenario um Szenario von Aufgeregtheit, Stumpfheit, Anziehung, Abneigung und Zweifel taumeln, dann halten wir inne, kehren zu *Vicara* zurück und bleiben dabei. Unser Atem ist uns ja inzwischen nicht davongelaufen! Wir lernen, nicht gegen Ablenkungen anzukämpfen, denn dieser Kampf ist ein weiterer Aspekt des Zauberteppichs. Er ist völlig sinnlos.

Solange wir unsere drei Minuten durchhalten, kommt es nicht darauf an, wie oft wir zwischendurch abgelenkt werden. Unser mentales und physisches System gewöhnt sich mit der Zeit an diese Aktivität, und allmählich treten die Ablenkungen seltener und weniger stark auf. Die meisten werden durch Angst verursacht, Angst vor dem Unbekannten, und deshalb lassen sie nach, sobald unser Kartograf mit dieser ungewohnten Aktivität vertrauter wird. Wenn wir uns mit der Übung allmählich wohler fühlen, können wir unser *Vicara* über längere Zeiträume aufrechterhalten. Schließlich gelingt uns die Übung mühelos, und die Störungen und Ablenkungen, die früher unsere Konzentration unterbrochen hätten, werden stattdessen einfach in die ruhige Klarheit einbezogen, die wir stetig aufgebaut haben. Wenn es so weit ist, sind es keine Ablenkungen mehr; sie werden Bestandteile unserer ruhigen Klarheit selbst.

Das ist natürlich der Endzustand, der die Stabilität erzeugt, auf die wir hinarbeiten — ein Zustand, den man Unerschütterlichkeit nennen könnte. Aber er ist nicht in dem Sinn unerschütterlich wie eine Statue. Er ist unerschütterlich, weil er jede Störung in sich aufnimmt und deshalb keinen Gegenspieler hat. Es gibt nichts, was ihn umwerfen könnte.

Fragen und Anmerkungen

Ich habe zweimal täglich drei Minuten geübt, also insgesamt sechs Minuten.

Natürlich können wir so lange meditieren, wie wir möchten. Aber wenn wir uns an die drei Minuten täglich halten, ist die Hauptsache, dass wir es sehr bewusst tun. Wir machen nicht einfach nur eine Pause. Es ist zwar möglich, sich beim Meditieren auszuruhen, allerdings besteht dabei die Gefahr, einfach einzuschlafen.

Diese Übung ist etwas schwerer als das Betrachten der Kerze oder das Lauschen auf die ausklingende Glocke. Mir gefällt sie aber besser, weil ich sie überall ausführen kann und keine Hilfsmittel benötige.

Das Atmen passiert von selbst, deshalb brauchen wir dieses Phänomen nicht eigens zu erzeugen. Dennoch ist das, was wir betrachten, eine innere Empfindung, kein äußerliches Phänomen, deshalb ist es ein hervorragendes Meditationsobjekt. Die Idee dahinter ist, in unsere Praxis von *Vitakka* und *Vicara* nach und nach Flexibilität hineinzubringen. Das heißt aber nicht, dass die früheren Meditationsobjekte, die Glocke und die Kerze, zwingend schlechter wären. Vielleicht stellen Sie ja auch fest, dass Sie mit einem externen Objekt bessere Ergebnisse erzielen, wenigstens zu Beginn. Sie brauchen sich keine Beschränkungen aufzuerlegen.
Denken Sie stets an den Trick mit *Vicara.* Wann immer irgendetwas daherkommt, das Sie stört, lassen Sie sich für einen Moment darauf ein und holen Sie Ihre Aufmerksamkeit dann zu Ihrem ursprünglichen Objekt zurück. Sie können ganz entspannt werden. Es geht nicht darum, Widerstand zu leisten. Wenn wir *Vicara* erst einmal richtig verstehen, können wir in den Fluss kommen.

Bisher habe ich gelernt, jeden Gedanken, der auftaucht, als Gedanken zu benennen, aber das habe ich immer als etwas störend empfunden. Sagen Sie hier, dass wir dieses Benennen nicht brauchen — dass wir den Gedanken einfach loslassen können?

Es gibt unterschiedliche Traditionen. Wenn man «Gedanke, Gedanke» sagt, wann immer ein Gedanke auftaucht, ist das eine Möglichkeit, Kontrolle zu erlangen. Aber das ist etwas anderes als diese Technik. Hier ist es so, wie Sie sagen: Wir lassen den Gedanken einfach ein wenig zu, dann lassen wir ihn los und kehren zum Meditationsobjekt zurück. Gedanken werden uns immer beschleichen und wir werden uns immer wieder dabei ertappen, dass wir ihnen Aufmerksamkeit schenken. Manche Traditionen sagen, «Kehren Sie sofort zu Ihrem Meditationsobjekt zurück.» Aber ich halte es eigentlich für besser, sich einfach zu entspannen, den Gedanken loszulassen und dann zu Ihrer Meditation zurückzukehren. Sonst besteht die Gefahr, dass Sie mit Ihren Gedanken kämpfen, um das zu werden, was man «gute Meditierende» nennt, und das ist an sich schon wieder ein Gedanke! Mein Rat ist daher, sich darauf einzulassen, sich zu entspannen, den Gedanken loszulassen und weiterzumachen. Es ist wie ein Tanz. Wir lernen Schritt für Schritt zu tanzen, und nach einiger Zeit verschwinden die lästigen Gedanken. Wir tun es einfach.

Können auch Emotionen als Ablenkungen auftreten?

Ja, das kann vorkommen, aber wenn Sie Ihre *Shamata*-Praxis entwickeln, werden Sie bemerken, dass es zu jeder Emotion immer einen Gedanken oder eine Empfindung als Auslöser gibt. Der Emotionalität geht stets eine Art Vorahnung voraus, und in deren Kern liegt eine auslösende Idee. Diese Ideen nennt man mitunter «aufgeladene Vektoren» — es sind Ahnungen oder Befürchtungen, die Erinnerungen und Gefühle wachrufen, manchmal aus der fernen Vergangenheit. Die Forschung bestätigt immer mehr, dass Emotionen erlernt sind — sie treten als Reaktion auf etwas auf, das uns widerfahren ist. Emotionalität und Gedanken liegen deshalb sehr, sehr eng beieinander, und eins der Ziele von *Shamata* ist, stabil genug zu sein, dass wir uns von aufsteigenden Emotionen nicht mitreißen lassen. Stattdessen befähigt unsere innere Stabilität uns, sie zu betrachten. Und wenn wir das tun, können wir erkennen, was der Auslöser war. Das versetzt uns in die Lage, Emotionalität, die normalerweise eine unkontrollierbare Erfahrung ist, unter Kontrolle zu bringen. Diese Kontrolle ist ein entscheidendes Element von Resilienz.

Lesen Sie erst weiter, wenn Sie
die vorige Übung sieben Tage lang
praktiziert haben!

KAPITEL VIER

DEN GEISTIGEN KANAL BETRACHTEN

Auf dieser Etappe unserer Meditationsreise entwickeln und erweitern wir unsere Fähigkeit zu ruhiger Klarheit. In der ersten Woche haben wir damit begonnen, einen externen Anker zu Hilfe zu nehmen. Als Einstieg war es eine Kerze, die wir zum Gegenstand fokussierter Konzentration machen konnten. In der zweiten Woche haben wir untersucht, weshalb unsere fokussierte Konzentration so spröde ist, und in ihr zwei Aspekte identifiziert, den der Lenkung *(Vitakka)* und den des Verweilens *(Vicara)*. Wir sind dazu übergegangen, mit einem sich verändernden externen Objekt zu arbeiten, nämlich mit dem Ton einer Glocke, der ausklingt und schließlich verstummt. Dabei haben wir gelernt, *Vicara* zu üben und so die Konzentration auf ein Objekt im Wandel zu stabilisieren. In der dritten Woche haben wir diese Fähigkeit, bei einem sich verändernden Sinneseindruck zu bleiben, auf eine allgegenwärtige, aber normalerweise nicht bewusst wahrgenommene Empfindung des Tastsinns angewandt: auf das Gefühl der Luft, die beim Atmen durch die Nasenlöcher ein- und ausströmt, oder auf die Bewegung unseres Brustkorbs und Bauches, wenn die Lunge sich füllt und wieder leert. Nun, in der vierten Woche, richten wir unsere Aufmerksamkeit wiederum auf etwas anderes, diesmal jedoch auf ein innerlich erzeugtes Meditationsobjekt.

Neben dieser stetigen Erkundung der Eindrücke, die uns über einen der sechs Kanäle erreichen, haben wir auch direkte Erfahrungen mit den fünf Arten von Hindernissen — den *Nivarana* — gemacht, die im Prozess des Meditierens auftreten. Die

Liste gliedert sich in zwei Paare — Aufgeregtheit und Stumpfheit; Anziehung und Abneigung — und den Zweifel. Es ist wirklich bemerkenswert, dass wir schon mit nur drei Minuten Meditation solche Erfahrungen machen können.

Wenn sich eins der *Nivarana* manifestiert, dann ist das ein Zeichen dafür, dass wir anfangen, uns auf unsere eigentliche Erfahrung zu fokussieren, statt wie gewohnt in einer Landkarte davon zu leben. Oft ignorieren wir diese inneren Phänomene, und das erzeugt mitunter ein Gefühl der Unruhe, das im Laufe des Tages stärker werden kann. Manchmal sagen wir: «Ich bin heute Morgen mit dem falschen Fuß aufgestanden!» Der wahre Grund für dieses Gefühl ist, dass wir innere Phänomene unterdrücken und uns einfach durchbeißen, um die an diesem Tag anstehenden Aufgaben zu bewältigen.

In gewissem Maß müssen wir das tun, um im Leben zurechtzukommen und unseren Lebensunterhalt zu verdienen. Es gibt viele Gründe, weshalb wir solche Mechanismen gelernt haben. Aber unsere Meditationspraxis führt uns in eine andere Richtung. Für die kurzen Zeitspannen, die wir dieser Aktivität widmen, ist unser Ziel, uns ganz auf all unsere Erfahrung einzulassen, sodass nichts davon übersehen oder vernachlässigt wird. Man könnte fast sagen, dass Meditation oder Geistestraining eigentlich ein Mittel ist, um unsere Verkörperung zu erforschen. Wir lernen, in unserer eigenen Erfahrung zu sein, darin zu leben. Häufig wird Meditation so beschrieben, als handele es sich ausschließlich um die Praxis der Selbstbeobachtung, als seien unsere inneren Prozesse irgendwie von uns getrennt. Wenn man jedoch erkennt, dass die Begriffe Selbstbeobachtung und Verkörperung sich auf ein und denselben Vorgang beziehen, kann das eine Menge Klarheit in das bringen, was wir hier tun.

Jedenfalls spielen die *Nivarana* eine große Rolle. Sie werden oft als «Hindernisse» für die Meditation bezeichnet, aber das Wort

Hindernis ist eigentlich nicht hilfreich. Wenn wir verkörperte Ruhe anstreben statt einer spröden Konzentration, die andere Elemente unserer Erfahrung zu überwinden oder zu unterdrücken versucht, dann entwickeln wir allmählich eine fließende Wechselwirkung zwischen dem, was uns über die Sinneskanäle erreicht, und unserer Wahrnehmung dieser Empfindungen — das ist der Tanz des *Vicara*, von dem wir weiter oben schon gesprochen haben. Im Zuge dieser Entwicklung treten kleine Unstimmigkeiten auf, die Stressreaktionen auslösen. Wir sind nicht daran gewöhnt, völlig eins mit uns zu sein, ohne irgendeinen inneren Kommentar. Vielleicht manifestiert sich ein Jucken oder ein leichter Schmerz in den Schultern. Selbst wenn sie kaum wahrnehmbar sind, lösen solche Empfindungen oft eine Reaktion aus — etwas haben oder vermeiden zu wollen, sich in irgendeine Abschweifung oder einen Zweifel zu verlieren oder in Schläfrigkeit abzudriften. Das ist vielleicht ein besserer Ansatz zu verstehen, was es mit den *Nivarana* auf sich hat.

Die Technik, mit diesen Erscheinungen umzugehen, besteht darin mitzugehen, ähnlich wie bei dem berühmten Judo-Wurf in der japanischen Kampfkunst, wo man sich fallenlässt, wenn der Gegner einen angreift, und ihn dabei mit sich herunterzieht. Wenn sich Stumpfheit manifestiert und Sie einschlafen wollen, dann schlafen Sie ein; aber erlauben Sie sich selbst, es zu tun. Wenn Sie Gefühle auf diese Weise annehmen, statt sie abzulehnen oder sich gegen sie zu wehren, verflüchtigt sich die Kraft des *Nivarana*, Sie abzulenken. Wenn Sie sich aufgeregt fühlen, dann schütteln Sie Ihre Arme und Beine aus, stehen Sie auf und gehen Sie umher. Wie gesagt, wenn Sie mit dem Gefühl arbeiten, nehmen Sie dem scheinbaren Hindernis die Macht. Das gilt für alle *Nivarana*. Diese sogenannten Hemmnisse sind in Wirklichkeit unverkörperte Teile unser selbst. Sobald wir mit diesen Gefühlen mitgehen, statt uns gegen sie zu wehren, verflüchtigen sie sich.

Sogar die Stimme des Zweifels, die sagt «Das hier ist Zeitverschwendung. Ich tue ja gar nichts. Das wird zu nichts führen!», kann auf diese Weise überwunden werden. Selbst diese Stimme verflüchtigt sich, wenn wir unsere Aufmerksamkeit auf sie richten und uns auf sie einlassen, nicht als Diskussionspartner, sondern einfach als Teil unserer Erfahrung. Diese Stimme entsteht aus innerer Sorge. Wir sind so daran gewöhnt, aufgrund einer Landkarte zu operieren — einer Karte, die wir selbst konstruiert haben —, dass wir es als äußerst herausfordernd erleben, auch nur für kurze Zeit ohne sie auszukommen.

Indem wir uns einem innerlich erzeugten Meditationsobjekt zuwenden, wechseln wir nun zu einer anderen Modalität und untersuchen Wahrnehmungen, die uns über den Kanal der Gedanken und Emotionen erreichen. Dieser geistige Kanal wird normalerweise mit dem assoziiert, was wir Gedanken nennen. Im Grunde sind es kleine Teile einer Erzählung, Geschichten, die aus Wörtern und manchmal aus Bildern zusammengesetzt sind, wie kleine Ausschnitte aus einem Film. Wir ertappen uns selbst oft beim Tagträumen, als liefen diese kurzen Sequenzen in unserem Inneren ab. Die Fähigkeit, die wir Imagination oder Vorstellungskraft nennen, ist ein sehr starkes Meditationsobjekt. Wenn wir lernen, den geistigen Kanal in den Blick zu nehmen und ihn zum Gegenstand der Meditation zu machen, können wir eine besonders starke Wirkung erzielen. Der Unterschied zwischen dem geistigen Kanal und den anderen Sinneskanälen besteht darin, dass seine Objekte selbst erzeugt sind. Für gewöhnlich sehen wir uns selbst als Beobachter von Ereignissen, die uns «widerfahren». Deshalb ist es ungewohnt, auf diese Weise direkt in unser eigenes inneres Erleben einzugreifen. Wenn wir diese Fähigkeit entwickeln, wird sie zu einem starken Werkzeug in unserer wachsenden Sammlung von Meditationsansätzen. Normalerweise meldet sich zu jedem Sinneseindruck sofort über unseren geistigen Kanal ein Gedanke, der uns sagt, was der Eindruck «bedeutet». Mit diesem Phänomen werden wir uns später noch beschäftigen; vorerst genügt es, die Allgegenwart dessen zu erkennen, was wir Gedanken nennen — der Ereignisse am geistigen Kanal, die auf diese Weise auftreten. Deshalb ist der Schritt, ein mentales Objekt zum Gegenstand der Konzentration zu machen, so wirkmächtig.

ÜBUNG
Atmen mit dem weißen Ball

In der einfachen Meditationsübung für diese Woche geht es um den geistigen Kanal. Diese Übung kann mit offenen oder geschlossenen Augen durchgeführt werden. Wir visualisieren nun einfach einen leuchtenden kleinen Ball an unserer Nasenspitze — wie einen Tischtennisball, einen weißen Kieselstein oder dergleichen. Jedes Bild, das Ihnen dazu einfällt, ist geeignet, wichtig ist nur, dass der Ball leuchtet. Für den Anfang kommt es nicht einmal auf die Farbe an — der Ball könnte zum Beispiel auch grün oder blau sein, Hauptsache, er ist hell, leuchtend, strahlend. Das lässt uns große Freiheit, uns der Übung flexibel anzunähern. Wenn wir nun ausatmen, stellen wir uns vor, dass der Ball sich sanft gleitend von uns fortbewegt, und beim Einatmen kommt er zurück. Wir konzentrieren uns in dieser Übung nicht auf die Empfindung des Atems. Stattdessen nutzen wir den Atem als Hilfsmittel, wie ein Metronom, um zu beobachten, wie der imaginäre weiße Ball sich auf unsere Nasenspitze zu- und von ihr wegbewegt. Unser Atem gibt nur den Takt an. Wenn der Ball sich beim Ausatmen von uns entfernt, bleiben wir bei ihm, wir folgen seiner Bewegung. Wenn wir einatmen und er zurückkommt, sind wir immer noch bei ihm präsent. Wir verlieren nie den Kontakt zu ihm. Sollten wir doch einmal den Kontakt verlieren, zum Beispiel weil für einen Moment eins der *Nivarana* dazwischenkommt, dann verfahren wir wie gehabt: Wir entspannen uns, kehren zu der Übung zurück und beginnen erneut.

Der Geist ist ein kleiner Affe und wird sicher eine Weile mit dieser Übung herumspielen. Er wird uns einen rosa Stein präsentieren oder ein weißes Kaninchen oder sonst etwas. Wenn das geschieht, wenden wir die weiter oben beschriebene Judo-Technik an. Wir arbeiten mit dem, was wir eben bekommen. Wir diskutieren nicht. Und wenn wir nicht diskutieren, sondern bei unserer Absicht bleiben, einen kleinen, leuchtenden weißen Ball zu visualisieren, dann werden wir auch sehr bald den weißen Ball bekommen. Anfangs werden wir uns vielleicht andere Dinge vorstellen, aber es ist wie bei unseren vorherigen Erfahrungen mit *Shamata*: Wenn wir nur ruhig und beharrlich dranbleiben, kommt am Ende der weiße Ball.

Natürlich wird dasselbe passieren wie bei früheren Objekten. Wir werden es mit Fantasien und Störungen zu tun bekommen — Aufgeregtheit, Stumpfheit, Abneigung, Anziehung und Zweifel; all diese Dinge werden sich manifestieren. Interessanterweise ist Stumpfheit eins der *Nivarana*, die der weiße Ball besonders gut überwinden kann, weil der Geist das Strahlen des Balles interessant findet, wenigstens zu Anfang. Machen Sie den Ball so hell und leuchtend, wie Sie können, dann wird er zu einem faszinierenden geistigen Objekt.

Wahrscheinlich sagen Sie jetzt: «Ich kann den Ball nicht sehen!» Das liegt daran, dass er ein Objekt der Vorstellung ist. Er braucht nicht auszusehen wie ein physischer Ball. Es ist der Gedanke eines Balles. Manchmal wird er erscheinen wie ein weißer Ball. Zu anderen Zeiten ist er vielleicht die Empfindung eines weißen Balles. Er kann alles sein. Mentale Objekte haben keine Form. Sie kleiden sich lediglich in Assoziationen.

Hindernisse überwinden

Diese Woche vollziehen wir einen bedeutenden Schritt: Wir machen ein selbst erzeugtes Objekt zum Fokus unserer Meditation, statt Eindrücke von einem unserer Sinneskanäle zu nutzen. Der Ablauf ist der gleiche wie zuvor. Wir richten in einer bewussten Anstrengung unsere Aufmerksamkeit auf das Objekt *(Vitakka)*, dann verweilen wir dabei und kosten es aus *(Vicara)*, während wir ihm folgen, wenn es sich beim Ein- und Ausatmen unserer Nase nähert und sich wieder von ihr entfernt. Dabei rechnen wir damit, dass sich Hindernisse *(Nivarana)* manifestieren, insbesondere stumpfe Schläfrigkeit. Je heller der kleine weiße Ball strahlt, umso besser können wir die Mattigkeit überwinden. Aber halten Sie es dabei wie beim Judo: Kämpfen Sie nicht gegen die Hindernisse an — lassen Sie sich vor ihnen fallen! Sehr bald werden die Hindernisse ihre Macht verlieren, und der leuchtende weiße Ball wird sich in unseren drei Minuten ruhig und flüssig hin- und herbewegen.

Fragen und Anmerkungen

Das war sehr schwierig. Ich habe mehr als drei Minuten pro Tag gebraucht.

Strengen Sie sich nicht zu sehr an! Meditation sollte ganz leicht gehen.

Ich habe versucht, einen weißen Ball zu sehen, aber am Ende habe ich es aufgegeben. Stattdessen habe ich dann versucht, die Empfindung eines Balles zu imaginieren, ohne mir den Ball bildlich vorzustellen. Ist das in Ordnung?

Sie sprechen hier ein paar wichtige Punkte an. Statt eines weißen Balles können Sie im Grunde auch irgendetwas anderes aus Ihrer Vorstellung nutzen. Es ist ein mentales Objekt, deshalb ist seine Form nicht wichtig; es kann, wie Sie sagen, auch eine Empfindung sein. Manchmal verstricken wir uns in dem Versuch, das Objekt genau so zu visualisieren, wie wir denken, dass es sein sollte. All dieses Denken und Sollen ist nicht hilfreich. Damit legen wir uns am Ende womöglich selbst Steine in den Weg, indem wir künstliche Erwartungen aufbauen, die wir nicht erfüllen können. Es ist sehr wichtig, dass Meditation leichtfällt. Wenn sie nicht leichtfällt, kann sie nicht transformativ sein. Im Grunde ist unser *Bemühen* der Teil von uns, den wir verstehen möchten. Aber wenn wir lange genug beharrlich dranbleiben, werden wir ohne Anstrengung Erfolge erzielen.

In traditionellen Schriften über Meditation wird diese Mühelosigkeit mitunter «der Weg des *Sugata*» genannt. *Sugata* bezeichnet Leichtigkeit und Glückseligkeit; und mühelos und glückselig zu werden, Flexibilität und Leichtigkeit des Seins zu erlangen, ist eine Frucht von *Shamata*. In der westlichen Kultur wird Beharrlichkeit mitunter so verstanden, dass man die Zähne zusammenbeißen muss wie bei einer anstrengenden Trainingseinheit. Aber hier ist der Grundgedanke nicht, dass man ins Schwitzen kommen muss, um sein Ziel zu erreichen. *Beharrlichkeit* und *angestrengtes Bemühen* sind zwei sehr verschiedene Dinge. Wir denken, «Ohne Schweiß keinen Preis», aber beim Meditieren ist das der falsche Ansatz. Es geht mehr darum, eine Gewohnheit aufzubauen. Um eine andere Daseinsweise zu entwickeln, müssen wir beharrlich dranbleiben, und sei es nur für drei Minuten täglich.

Unsere Beharrlichkeit sollte so sein wie die stetige Kraft des Wassers. Dieser Gedanke steckt auch in der Redensart «Steter Tropfen höhlt den Stein» — der einzelne Tropfen braucht gar nicht viel Kraft zu haben. Wir müssen wie Wasser sein: mühelos, aber beharrlich. Meditation zu üben, ist, als würde man mit Regentropfen einen See füllen. Man sieht kaum, wie der Wasserspiegel steigt, aber mit der Zeit sammelt sich eine große Menge an. Wenn wir hingegen unsere Übung zu einer angestrengten Bemühung machen, ohne die Leichtigkeit und Flexibilität von *Vicara*, dann bringen wir unseren zielorientierten Kartografen zum Einsatz: Wir befinden uns dann im Gedanken der Anstrengung statt in der Kontinuität der Meditation. Sobald wir vom Meditationskissen aufstehen, ist unsere Meditation dahin. Wenn Sie ein Glas mit trübem Wasser haben, brauchen Sie nichts weiter zu tun, als es auf einen Tisch zu stellen und in Ruhe zu lassen. Es klärt sich dann ganz von selbst.

Unsere Aufgabe besteht darin, uns eine Sammlung von nützlichen Techniken anzueignen. Keine davon ist für sich genommen so besonders. Die beste Art, mit Ratschlägen zur Meditation umzugehen, ist, sie mit Interesse zu betrachten, aber nicht als Verpflichtung aufzufassen. Es ist, als würden Sie beim Wandern einen Berg hinaufsteigen, und jemand sagt zu Ihnen: «Hinter der nächsten Wegbiegung ist eine schöne Aussicht.» Wenn Sie um die Biegung kommen, werden Sie wahrscheinlich hinschauen, aber es besteht keine Verpflichtung hinzuschauen. Sie tun es ganz zwanglos. Niemand hat gesagt: «Sie müssen hinschauen!» Meditationstechniken sind genau wie dieser Hinweis. Es gibt dabei kein «Sie müssen!». *Müssen* ist die Sprache der Mühe und Anstrengung. Das Beste ist, all diese Vorschriften über Bord zu werfen und sie durch Beharrlichkeit zu ersetzen. Wenn Sie das Bemühen aufgeben, wird Erkenntnis möglich. Wenn Sie die Saiten eines Instruments zu stark spannen, können Sie nicht die richtigen Töne spielen. Lassen Sie sich ohne Anstrengung darauf ein, die Töne zu spielen, dann kann die Musik erklingen.

Es gibt noch zwei weitere hilfreiche Vorstellungen zum Umgang mit Gedanken, die auftauchen und unseren Versuch, dem weißen Ball zu folgen, stören. Erstens: Gedanken sind mit Spannung assoziiert. Wir brauchen uns nur zu entspannen, dann geht der Gedanke weg. Das heißt, wenn ein Gedanke daherkommt, strengen Sie sich nicht an, sofort zu dem weißen Ball zurückzukehren. Stattdessen schlage ich vor, dass Sie sich auf den Gedanken einlassen. Gönnen Sie ihm seinen Auftritt! Dann kehren Sie in einer Haltung sanfter Beharrlichkeit zu dem weißen Ball zurück. Oft ist der Gedanke mit einer Empfindung in unserem Körper assoziiert. Wir lassen etwas los, entspannen einen Muskel, und der Gedanke hört auf. Belastungen lösen Reaktivität aus. Also ignorieren Sie den Gedanken nicht, denken Sie nicht «Ich schiebe diesen Gedanken von mir und kehre zu dem weißen Ball zurück», denn dann wird der weiße Ball selbst zu einem Gedanken.

Zweitens: Gedanken sind nichts Schlechtes. Sie sind Manifestationen der unglaublichen Sensitivität des Geistes. Wir streben hier nicht danach, den Geist zu beherrschen, ihn dazu zu bringen, all diese Dinge wie unter Zwang zu tun. Wir wollen mit unserem Geist tanzen wie mit einem sanften Partner. Das ist eine hilfreiche Art, mit aufsteigenden Gedanken umzugehen. Später werden sie noch von großem Interesse sein. Im Augenblick freunden wir uns mit ihnen an — als seien sie Vögel an unserer Futterstation. Jetzt sind sie vielleicht noch etwas wild, aber irgendwann werden sie sich auf unserer ausgestreckten Hand niederlassen, auch wenn sie von draußen kommen. Wir lernen, entspannt und bewusst zu sein. Das ist *Sugata*.

Sollten wir die Augen offen oder geschlossen halten?

Wie bereits erwähnt, ist das hier überhaupt nicht wichtig. Wenn wir die Augen schließen, hat das den Vorteil, dass wir damit visuelle Sinneseindrücke ausschließen, die wir normalerweise sehr stark wahrnehmen. Das Problem ist allerdings, dass man mit geschlossenen Augen leicht in einen traumähnlichen Zustand verfällt. Deshalb meditieren manche Leute lieber mit offenen Augen. Es ist durchaus möglich, die Augen offen zu halten und nicht dauernd von dem, was man sieht, abgelenkt zu werden.

Ich sehe nur ein verschwommenes weißes Etwas

Ein verschwommenes weißes Etwas ist für den Anfang völlig in Ordnung. Wichtig ist, dass es leuchtet. Denken Sie daran, *Vitakka* heißt, sich auf ein Objekt zu konzentrieren. *Vicara* bedeutet, bei dem Objekt zu bleiben. In diesem Fall ist das Objekt — der leuchtende weiße Ball oder das verschwommene weiße Etwas — in Bewegung, also entwickeln wir *Vicara*, weil wir dem sich bewegenden Objekt folgen. Unsere Konzentration schwankt nicht, sie ist jetzt in der Lage, mit diesem beweglichen Objekt mitzugehen. Sie können das ohne Weiteres mit offenen Augen tun. Wenn etwas Ihren Blick anzieht und Sie ablenkt, kehren Sie einfach wieder zum Objekt der Konzentration zurück. Bei einer Übung wie dieser ist eine leichte, unverkrampfte Herangehensweise sehr wichtig.

Halten wir den Ball irgendwie fest?

Eigentlich nicht — er schwebt an unserer Nasenspitze! Wir visualisieren einen Ball, etwa von der Größe eines Tischtennisballs, weiß und leuchtend wie eine 15-Watt-Glühbirne. Trotz all dieser Anweisungen wird es ziemlich sicher schwierig sein, das zu visualisieren! Wahrscheinlich werden Sie feststellen, dass Ihr Geist stattdessen etwas anderes hervorbringt. Keine Sorge, leider arbeitet er nun einmal so. Er ist so kreativ, dass er dazu neigt, uns auf eine Anweisung hin erst einmal etwas anderes zu liefern, ehe er sich beruhigt und versteht, worauf wir hinauswollen. Wenn wir einen weißen Ball visualisieren können, ist das wunderbar. Und wenn es nicht auf Anhieb gelingt, dann eben nach einiger Zeit.

Ich empfinde diese Übung als herausfordernd, denn als ich die Augen schloss, erwartete ich, einen weißen Ball quasi als eigenständiges Objekt zu sehen. Stattdessen sah ich am Ende eine Art mentales Konstrukt, das aus den Tiefen meines Geistes kam. Ich hatte es nicht vor Augen, sondern ich konnte es irgendwie mental visualisieren.

Das ist natürlich der weiße Ball, denn das Konstrukt ist lediglich die Absicht. Beabsichtigen Sie, dass er strahlt und leuchtet, dann werden Sie früher oder später einen kleinen, leuchtenden, strahlenden weißen Ball hervorbringen. Ihre Absicht ist Ihr Objekt der Konzentration. Aber unser Geist nimmt nicht gern Befehle entgegen. Ein Teil der Fähigkeit, die wir hier entwickeln, ist daher das Vermögen, unseren Geist flexibel zu machen, ihn zu zähmen, ihn für das, was wir von ihm wollen, gefügig zu machen. Das wichtige Element dieser Meditation ist einfach die Absicht.

Es kommt also nicht darauf an, ob Sie einen weißen Ball sehen oder nicht, solange Ihre Absicht ist, einen weißen Ball zu haben. Und egal, als was sich diese Absicht manifestiert, es ist in Ordnung, selbst wenn es ein rosa Kaninchen ist. Diese Absicht manifestiert sich immer als das, was Ihr geistiger Apparat Ihnen gerade liefert. Beabsichtigen Sie einen weißen Ball, dann wird er früher oder später kommen. Sie brauchen sich gar nicht so viele Sorgen zu machen.

Lesen Sie erst weiter, wenn Sie
die vorige Übung sieben Tage lang
praktiziert haben!

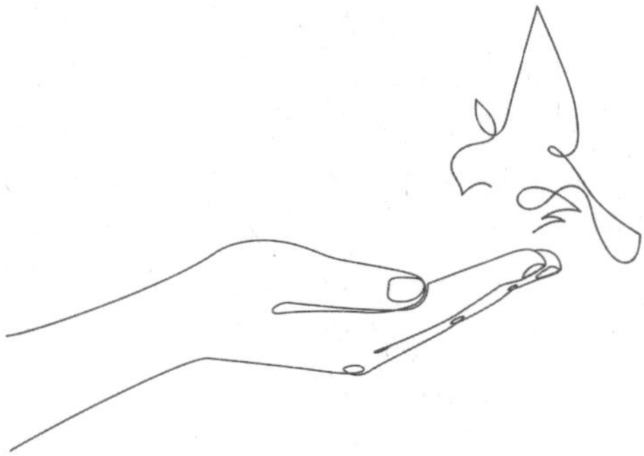

KAPITEL FÜNF

MIT DER LANDKARTE ARBEITEN

Wir sind in der Wahl unseres Meditationsobjekts — des Gegenstands, auf den wir unsere Aufmerksamkeit richten — allmählich vorangeschritten. Angefangen haben wir mit externen Objekten wie einer Kerze oder einer Glocke, und vorige Woche sind wir zu einem innerlich erzeugten Objekt übergegangen, einem weißen Ball.

Diese Progression hat Methode: Wir verlagern unseren Fokus allmählich von den Empfindungen selbst hin zu den Zeichen, den Abbildern und Worten, den Namen und Erinnerungen, aus denen sich unser inneres Modell der Welt zusammensetzt. Das heißt, wir gehen von Phänomenen, die an einem der fünf Sinneskanäle auftreten — die normalerweise unsere Fokuspunkte der Meditation sind —, zum sechsten Kanal über, dem des Geistes selbst. Indem wir anfangen, mit dem sechsten Kanal zu arbeiten, mit Gedanken und Ideen, entwickeln wir allmählich die Fähigkeit, die Zeichen, die Abbilder und Worte selbst zu betrachten. Normalerweise reagieren wir auf die Zeichen, entweder in Form von Handlungen oder indem wir all den Assoziationen folgen, die sie auslösen, wenn wir darüber nachdenken, was sie «bedeuten». Nun wählen wir als Objekt der Meditation bewusst etwas, das nur in unserer Vorstellung existiert, und entwickeln so unsere Fähigkeit, die Zeichen zu betrachten, statt nur auf sie zu reagieren. Das ist ein wirklich wichtiger Schritt in unserer Beschäftigung mit Meditation.

Normalerweise geben wir uns der bequemen Vorstellung hin, es gebe eine Außenwelt, die uns irgendwie direkt durch unsere

Sinneskanäle übermittelt werde. Schließlich bewegen wir uns in unserer Umgebung, wir interagieren miteinander und nehmen Meinungen und Nachrichten über unsere gemeinsame Welt auf, all das ohne große Schwierigkeiten. Aber schon nach kurzem Nachdenken wird klar, dass unsere Erfahrung der «externen» Welt durch unsere Sinne vermittelt wird und dass eigentlich unsere Sinne uns Eindrücke liefern. Normalerweise nehmen wir diese Eindrücke und die aus ihnen erzeugten Zeichen nicht wahr, bevor wir auf sie reagieren. Wenn also zum Beispiel etwas geschieht und wir sagen, dass es schön oder unschön ist, gut oder schlecht, dann ist diese Reaktion, die wir erleben, in Wirklichkeit nicht das erste kognitive Ereignis. Das eigentliche Ereignis ist bereits geschehen, bevor wir ein solches Urteil gefällt haben. Im Englischen gibt es hier ein interessantes sprachliches Phänomen: Erkennen heißt auf Englisch *recognition*. Das Wort setzt sich aus *cognition*, also Kognition, Erkennen, und der Vorsilbe *re-*, die «wieder» bedeutet, zusammen und deutet darauf hin, dass es sich um einen reflexiven Prozess handelt. Das heißt, im Erkennen muss die Kognition wiederholt werden — das Erkannte wird wiederum erkannt.

Was ist nun dieses wiederholte Erkennen des Erkennens? Nach welchen Regeln läuft es ab? Wenn wir davon sprechen, dass wir etwas erkennen, sagen wir damit, dass es einen Namen hat, eine Identität, die wir ihm zugeschrieben haben. Erkennen ist der Prozess, der allem, was wir über unsere Sinneskanäle erfahren, Namen und Identitäten zuschreibt. Diese Namen und Identitäten sind in den ursprünglichen Phänomenen selbst nicht vorhanden. Sie werden dem eigentlichen Input hinzugefügt, und zwar in einem Prozess, den wir alle über viele Jahre hinweg entwickelt haben — von unseren ersten Versuchen in der frühen Kindheit, Dinge zu benennen, über die Einflüsse durch unsere Eltern, unser Umfeld, unsere Erziehung und Bildung bis hin zu den Erfahrungen, die wir selbst im Zuge unserer Charakterentwicklung verinnerlicht und gelernt haben. Solange etwas nicht erkannt wurde, kann es nicht schön oder unschön, gut oder schlecht sein. All diese Etiketten und Eigenschaften entstehen erst aus dem Erkennen. Das Problem für die meisten von uns ist, dass dieser geistige Vorgang nicht Teil unserer bewussten Wahrnehmung ist. Bis uns bewusst wird, was geschieht, haben wir bereits auf die Zeichen reagiert, die aus diesem Prozess des doppelten Erkennens entstanden sind. Wir sind somit im Voraus darauf konditioniert, in einer bestimmten Weise zu reagieren, basierend auf unseren Vorurteilen und Erinnerungen statt aufgrund der auftretenden Phänomene selbst.

Diese wichtige Erkenntnis kann noch um ein weiteres Element ergänzt werden. Die kognitive Psychologie hat mittlerweile bestätigt, was in Meditationstraditionen schon seit Jahrtausenden bekannt war, nämlich dass unsere Reaktionen im Wesentlichen erlernt sind. Selbst Ekel, der ganz und gar angeboren erscheint, ist in Wirklichkeit erlernt. Beispielsweise ist es in asiatischen Ländern wie Thailand und Vietnam üblich, Insekten zu essen. Die meisten Menschen aus westlichen Ländern finden das instinktiv abstoßend. Aber wenn Sie von klein auf lernen, es zu tun, ist nichts Ekliges daran. Ein vielleicht noch drastischeres Beispiel ist, dass kleine Kinder ihre Exkremente nicht eklig finden. Eltern können bestätigen, dass kleine Kinder kein Problem damit haben, mit ihren eigenen Fäkalien zu spielen.

Dass ein Großteil dessen, was wir erkennen, erlernt ist, macht den Prozess des Erkennens besonders interessant und bedeutsam. Er ist offenbar wesentlich dafür, wie wir unsere Erfahrung der Welt konstruieren. Das ist für die Meditation direkt relevant. Unsere erste Aufgabe besteht darin, den Geist zu beruhigen. Nun ist ein ruhiger Geist schon an und für sich offensichtlich von Vorteil, aber er ermöglicht auch diese zweite Fähigkeit, sich Perzepte bewusst zu machen — jene ersten Regungen des Geistes, die auftreten, bevor Erkennen stattfindet —, sodass das Erkennen selbst sichtbar wird. Wenn wir die Kontrolle über unser Leben übernehmen und nicht mehr so reaktiv und anfällig für störende Ereignisse sein wollen, müssen wir über diesen Prozess des Erkennens Bescheid wissen. Sonst färben unsere vorgefassten Meinungen, unsere Vorlieben und Abneigungen unsere Erfahrung in unkontrollierbarer Weise. Wir werden dann immer das Gefühl haben, ausgeliefert zu sein, von Dingen umgetrieben zu werden, die sich unserer Kontrolle entziehen. Kurz gesagt, wir werden nie *Vipassana* erreichen, Klarsicht, und die Basis ungetrübten Bewusstseins entdecken, die eigentlich die ganze Zeit da ist.

Es gibt einen berühmten Ausspruch: «Wenn Steine an deinen Füßen schmerzen, hast du zwei Möglichkeiten. Du kannst die ganze Welt mit Leder überziehen, oder du kannst deine Füße mit Leder überziehen.» Wir versuchen oft, die Welt mit Leder zu überziehen, indem wir uns ein perfektes Leben erschaffen — wir wollen in geschlossenen, bewachten Wohnanlagen wohnen, den perfekten Job haben und eine reibungslose Beziehung führen. Aber wenn sich die Umstände ändern, wird es immer aufwendiger und letztendlich unmöglich, dieses störungsfreie Leben aufrechtzuerhalten. Es wäre weitaus effektiver, unsere Füße mit Leder zu überziehen. Wenn dann Dinge geschehen, die uns stören könnten, haben wir eine Wahl, wie wir damit umgehen, anstatt reflexartig zu reagieren. Man könnte sagen, wir haben gelernt, auf die Umstände einzugehen, uns auf sie einzustellen, statt nur auf sie zu reagieren. Mit diesem kostbaren Wissen können wir uns aus der misslichen Lage befreien, ein Opfer äußerer Umstände zu sein, ein Opfer unserer eigenen unbewussten Reaktivität, gezwungen zu automatischem Handeln, das mehr durch unsere früheren Erfahrungen bestimmt ist als durch das, was aktuell tatsächlich geschieht.

Man sieht diese Fähigkeit in Martial-Arts-Filmen. Der Held, meist eine Art Mönch in Laienkleidung, sieht selbst im Fall eines Angriffs denjenigen, der auf ihn losgeht, nicht als Angreifer. Die Person zuckt nicht zurück. Sie reagiert nicht auf das, was der Angriff «bedeutet» — sie reagiert auf das eigentliche Ereignis. Sie nimmt die Umstände an und geht auf sie ein, statt reflexiv zu versuchen, sich ihnen zu entziehen. Sie hat ihre Füße mit Leder überzogen und kann so mit dem umgehen, was ihr widerfährt, statt nur darauf zu reagieren.

ÜBUNG
Über die Landkarte reisen

Dies ist eine Erweiterung der Meditation mit dem sich bewegenden weißen Ball — eine, die diese Übung noch viel faszinierender macht. Wenn sich der leuchtende weiße Ball bei jeder Ausatmung von Ihnen wegbewegt, lassen Sie die Entfernung allmählich immer größer werden. Bei jeder Einatmung lassen Sie den Ball dann wieder zurückkommen. Beobachten Sie den Fortschritt.

Ein paar Atemzüge lang lassen Sie den Ball sich auf Armeslänge entfernen und wieder zurückkommen, dann weiter bis zur Wand des Zimmers, in dem Sie sich befinden, und wieder zurück, dann bis zur Hauswand und wieder zurück, dann bis zur Stadtmitte und wieder zurück. Lassen Sie ihn sich dann bis zur Hauptstadt Ihres Landes entfernen, dann bis zum Rand Ihres Kontinents, dann weiter über das Meer bis an den Rand des nächsten Kontinents. Als Nächstes verlässt der Ball den Planeten und steigt in die Atmosphäre auf, dann fliegt er zum Mond und immer so weiter, mit jeder Ausatmung, immer pfeilgerade von Ihrer Nasenspitze aus, und bei der Einatmung kommt er wieder dorthin zurück. Steigern Sie die Entfernung immer weiter — bis zum nächsten Planeten, dann bis zur Sonne, dann zum nächsten Stern, dann ins Zentrum der Milchstraße, dann hinaus bis zur nächsten Galaxie, dann bis an den Rand des Universums, und bei jeder Einatmung kommt der Ball zurück. Schließlich fliegt er bis in den unendlichen Weltraum hinaus. Sie können diese Steigerung verfolgen und dabei *Vicara* anwenden, die Fähigkeit, bei diesem sich bewegenden Objekt zu bleiben, während es immer weiter und weiter fliegt. Erlauben Sie Ihrer Vorstellungskraft, sich auf diese beglückende Erfahrung einzulassen, mit dem leuchtenden weißen Ball zu fliegen, ruhig und klar in Ihrem mentalen Raum. Anschließend können Sie die Entfernung schrittweise wieder kleiner werden lassen, mit jedem Atemzug, bis der Ball sich irgendwann gar nicht mehr bewegt, sondern an Ihrer Nasenspitze bleibt und einfach nur leuchtet, während der Atem ein- und ausströmt.

Diese Übung gibt uns Gelegenheit, zusammen mit dem weißen Ball auch unsere Weltkarte zu nutzen. Sie ist ein Ausdruck von Kreativität. Sie wird interessant, wenn wir mit unserer Vorstellungskraft spielen und dabei immer dicht bei dem Ball bleiben, da unsere Konzentration nicht von dem Objekt abschweift. Die Übung kann drei Minuten dauern oder auch etwas länger, aber es ist nicht nötig, die Entfernung bis in den unendlichen Raum zu steigern. Es gibt kein vorgegebenes Ziel. Es genügt, über die Weltkarte zu reisen. Wenn wir uns einmal auf diese Übung eingelassen haben, brauchen wir eigentlich auch gar nicht mehr darüber nachzudenken, wie lange wir schon dabei sind, als sei das Reisen mit dem Ball eine Aufgabe, die wir bewältigen müssten. Für *Vicara* spielt das keine Rolle. Entfernung und Dauer sind überwunden. Mühelose Konzentration kann bei der Reise bleiben, wohin sie auch führen mag. Es gibt kein physisches Hindernis. Wir lassen einfach zu, dass unser Geistesapparat fließend in Bewegung ist.

Die Landkarte in den Fokus nehmen

Nachdem wir ein geistiges Objekt für unsere Meditation ausgewählt haben, beginnen wir nun zu erkunden, wie wir unseren geistigen Raum erschaffen. Es ist interessant zu beobachten, wie sich unser mental erzeugter weißer Ball über unsere mentale Landkarte des Raumes, in dem wir leben, bewegt — von den Grenzen unseres Körpers zu den Grenzen des Hauses, der Stadt, des Landes, des Planeten bis hinaus an die Grenzen des Kosmos selbst. Unsere Welt ist eigentlich eine Karte, und wenn wir in den kurzen Zeitspannen unserer Meditation bewusst damit arbeiten, rücken wir dieses Konstrukt in den Fokus. Natürlich entwickeln wir unser *Vitakka* und *Vicara* weiter, und unsere *Nivarana* werden sich nach wie vor manifestieren, auch wenn sie hoffentlich allmählich schwächer werden. Daneben tun wir jedoch noch etwas anderes: Wir machen uns bewusst, wie wir die Welt, in der wir unser Leben verbringen, selbst erschaffen.

Fragen und Anmerkungen

Ich bin mit dem weißen Ball bis zu den äußeren Planeten gekommen. Ist es in Ordnung, ein paar Atemzüge lang dort zu verweilen, oder muss ich bei jeder Einatmung zurückkehren?

Ich denke, es ist besser, jedes Mal zurückzukommen. Schließlich geht es hier nicht darum, den Weltraum zu erkunden. Es ist vielmehr eine Übung in geistiger Flexibilität. Man könnte sagen, *Shamata* ist, als würde man Teig machen. Sie müssen den Teig kneten, damit er geschmeidig wird, ihn in alle Richtungen ziehen und dehnen. Wir gehen hier über die Grenzen hinaus, die wir uns selbst aufgrund der Landkarte unserer Erfahrung gesetzt haben. Deshalb erscheinen gewisse Dinge möglich und gewisse Dinge unmöglich. Die Idee von *Shamata* ist, über das Vernünftige hinauszugehen. Es ist nicht vernünftig, in einem einzigen Atemzug bis zu Alpha Centauri zu fliegen, aber es ist auch nicht unmöglich. Wir nutzen unsere Vorstellungskraft, um diesen Grad an Flexibilität zu erzeugen.

Nachdem ich jetzt ein paar Wochen dabei bin, finde ich diese Drei-Minuten-Übungen hilfreicher, als wenn ich längere Meditationssitzungen versuche.

Dem schließe ich mich an. Kurz und fokussiert kann sinnvoller sein als heroische stundenlange Übungen, besonders für Anfänger. Längere Zeit zu meditieren, führt mitunter in Trancezustände, wo wir mehr oder weniger schlafend auf unserem Kissen sitzen.

Wenn ich diese Übung mache, erlebe ich, wie ich mich auf die unendliche Weite zubewege, aber dann kann ich keine Mitte finden.

Wir versuchen hier nicht, eine Mitte zu finden. Es geht nicht darum, sich von einem bestimmten «Hier» zu einem bestimmten «Dort» zu bewegen. Unser rationaler Geist, unser Kartograf, will eine Landkarte unserer Erfahrung erstellen. Das ist eine Grundfunktion des Geistes. Wenn Sie eine Übung wie diese praktizieren, will ein Teil von Ihnen sie verstehen, ihr einen Sinn abgewinnen. Es ist fast so, als wollten wir eine Landkarte der Landkarte erstellen! Unsere Aufgabe besteht darin, in kurzen Übungen die Landkarte zu verlassen, auf das Gebiet des Unmöglichen, des Unvernünftigen vorzudringen. Dazu nutzen wir dieselbe geistige Fähigkeit, die unseren Sinn für das Vernünftige und Mögliche hervorbringt. Es ist, als würden wir versuchen, einer überbehütenden Tante zu entkommen, die unser gesamtes Leben bestimmen will, was Gewinn und Verlust, Ruhm und Bedeutungslosigkeit, Erfolg und Fehlschlag, Lob und Tadel angeht. Die Meditation verschafft uns eine Möglichkeit, uns von diesen Beurteilungen freizumachen und zu tanzen. Doch die meisten von uns kommen nie aus der Landkarte heraus. Wir haben immer irgendein Modell dessen, was wir tun. Manche Bücher stellen Meditation wie eine physische Reise dar, bei der ein Schritt auf den anderen folgt bis zu einem Ziel namens «Erleuchtung». Wir haben uns hier etwas anderes vorgenommen: Wir wollen die Fähigkeit entwickeln, diese Geschichte zu sehen, diesen Wunsch nach einem Ziel, das wir unbewusst für uns selbst kartieren. Indem wir das sehen, lernen wir letztendlich von uns selbst anstatt von einer Karte unser selbst.

Mir kommen bei dieser Übung sehr störende Gedanken.

Gedanken sind mit Spannung assoziiert. Wir brauchen nichts weiter zu tun, als uns etwas zu entspannen, dann geht der Gedanke weg. Im Englischen spricht man von den «drei R», die man anwendet, wenn man es mit einem Problem zu tun hat: *relax* (entspannen), *release* (loslassen) und *return* (zurückkehren). Wenn ein Gedanke auftaucht, strengen Sie sich nicht an, sofort zu dem weißen Ball zurückzukehren. Das erzeugt die Spannung, die Gedanken auslöst. Dann müssen Sie den Gedanken unterdrücken, was aber schon wieder ein Gedanke ist.

Statt sich so abzumühen, rate ich Ihnen, mit dem Gedanken zu gehen. Entspannen Sie sich — gönnen Sie dem Gedanken seinen Auftritt. Lassen Sie Ihre Aufgeregtheit los. Dann kehren Sie in der Haltung sanfter Beharrlichkeit zurück zu dem weißen Ball und beginnen Sie erneut.

Lesen Sie erst weiter, wenn Sie
die vorige Übung sieben Tage lang
praktiziert haben!

KAPITEL SECHS

NIE DAS EIGENE BETT VERLASSEN

In asiatischen meditativen Traditionen gilt oft das Herz als Zentrum unseres Seins, nicht der Kopf. Das ist für manche von uns überraschend, schließlich sind wir mit Science-Fiction-Storys aufgewachsen, in denen das Gehirn als Computer dargestellt wird, der irgendwie vom Körper getrennt und in ein neues Gefäß hochgeladen werden kann. Wir betrachten das Gehirn als Steuerungssystem, wo sich alles abspielt, und den Körper als unterstützendes System — eine Art Anhängsel. Wie bei einem Strichmännchen, wo der Körper nur dazu da ist, den Kopf zu tragen.

Aber wenn wir anfangen zu meditieren, erkennen wir, dass der Ort, aus dem unsere Erfahrung hervorgeht, in Wirklichkeit gar nicht der Kopf ist. Wenn wir allmählich freier von unserer reflexiven Kartierung von Erfahrung werden, beginnt der Kopf sich mehr wie ein Element von etwas viel, viel Größerem und Umfassenderem anzufühlen. In der thailändischen Tradition wird mitunter vom «Herz-Geist» gesprochen, das spiegelt diese Verschiebung des Zentrums unseres Seins wider. Der Begriff bezieht sich nicht auf das physische Herz, sondern auf den Schwerpunkt des Körpers. Dieser befindet sich irgendwo in der Mitte der Brust, etwas unterhalb der Arme.

Dieses Gefühl der Verschiebung des Seinszentrums ist subtil, aber allgegenwärtig. Wenn wir anfangen, unsere Erfahrung als Abbild zu sehen, dann ist es, als seien wir selbst darin eingebettet. Auch wenn wir ständig beschäftigt erscheinen, von Ereignissen in Anspruch genommen, die in einer Welt außerhalb von uns passieren, so ist das doch in Wirklichkeit nicht der Fall. Wenn wir unsere Reaktivität entspannen, also bewusster mit unserer Erfahrung umgehen, statt quasi automatisch zu reagieren, dann erkennen wir immer deutlicher unsere tiefe Verbindung mit Ereignissen, die wir bisher als außerhalb von uns wahrgenommen haben — als die «reale» Welt da draußen. Uns wird klar, dass all unsere Erfahrung, alles, was uns widerfährt, uns über die sechs Kanäle erreicht — die fünf Sinneskanäle und den sechsten, den geistigen Kanal. Diese Erkenntnis trennt uns nicht von allem, was wir sehen und erfahren, als seien wir eine Art Beobachter. Vielmehr befähigt sie uns zu begreifen, dass eine tiefe Verbindung zwischen unserem inneren Zustand und der äußeren Welt besteht. Wie der Körper und das Gehirn zum Herz-Geist konfiguriert werden, so werden die äußere und die innere Welt zu einer größeren Einheit umkonfiguriert.

Es braucht Zeit, all das zu verinnerlichen. Wir sind so daran gewöhnt, auf «externe» Ereignisse zu reagieren, dass wir uns erst einmal Zeit nehmen müssen innezuhalten. Der Begriff *extern* oder auch jede andere Bezugnahme auf die «reale» Welt ist eine Schlussfolgerung, eine Annahme, eine Idee, entwickelt aus unserer eigentlichen Erfahrung, die immer in unseren Empfindungen und kognitiven Eindrücken selbst bestehen muss. Aber wenn wir uns dieser Eindrücke bewusster werden, setzt eine Transformation ein. In unerwarteter Weise treten Synchronizitäten zutage. Es fängt damit an, dass wir Zeit haben, innezuhalten und den Duft der Rosen zu riechen. Aber wenn es tiefer geht, beginnt sich unsere vorgefasste Überzeugung, ein Selbst in einer Welt zu sein, neu zu konfigurieren, und eine größere Einheit manifestiert sich.

Da diese größere Einheit immer sowohl innere als auch äußere Elemente einschließt, wird sie oft als unwandelbar beschrieben. Die Tradition des tibetischen Buddhismus sagt, dass wir «nie unser eigenes Bett verlassen». Statt uns selbst als isolierte Wesen zu betrachten, die sich mithilfe von auf Erfahrung und Erinnerung basierenden Landkarten in einer externen Welt bewegen, vereinigt diese tiefere Sichtweise die Karte und den Kartografen zu einem größeren Ganzen. Wenn wir mit auftretenden Erfahrungen entspannter umgehen, löst sich allmählich das Narrativ auf, das «mich» in den Mittelpunkt einer Erzählung stellt. Wir sehen Alternativen, die zuvor vielleicht nicht so offensichtlich waren. Unser Gefühl, an einen festen Platz in der Welt zu gehören oder in einer Routine zu leben und zu tun, was wir immer tun, beginnt, sich zu einem fließenderen Ausdruck zu weiten. Dieses neue Verständnis bedeutet nicht, dass Erfahrungen nicht auftreten oder dass wir irgendwie von ihnen isoliert wären wie ein unbeteiligter Beobachter. Vielmehr bedeutet es, dass wir beginnen, uns selbst in Beziehung mit unserer Umgebung zu sehen, und immer besser in der Lage sind, mit Ereignissen authentisch umzugehen.

Träume sind ein klassisches Beispiel, um die Durchlässigkeit dessen zu verdeutlichen, was wir als die «reale Welt» oder die «Außenwelt» ansehen. Bei vielen Menschen verblassen Träume nach dem Erwachen schnell, aber wir alle haben schon Träume als sehr real erlebt, ebenso real wie unser waches Erleben. Albträume können mitunter so beängstigend sein, dass Kinder sich vor dem Einschlafen fürchten. Es gibt hierzu eine berühmte Geschichte. Ein armer Mann legt sich schlafen, und im Traum gewinnt er in der Lotterie. Plötzlich steigt er aus seiner Armut in eine Welt voller Prunk und Reichtümer auf. Er kauft sich ein riesiges Haus und einen Sportwagen. Er trifft sich mit schönen Frauen, geht schon bald eine feste Bindung ein und gründet eine Familie. Er fängt an zu investieren, baut ein Unternehmensimperium auf, um seine Gewinne zu steigern. Mehrere Jahre lang läuft alles gut, aber irgendwann wird er zu gierig und trifft ein paar falsche Entscheidungen. Am Ende verliert er alles. Sein Haus wird zwangsversteigert, seine Autos gepfändet, und seine Frau verlässt ihn. Schließlich landet er als armer Mann wieder auf der Straße. Dann wacht er auf.

Ist ihm irgendetwas von diesen Ereignissen wirklich widerfahren? Er ist dort aufgewacht, wo er sich schlafen gelegt hatte, und auch wenn er sich an die gesamte Handlung seines Traums erinnern konnte, hatte er doch währenddessen sein eigenes Bett nie verlassen. Es ist eine interessante und tiefgründige Frage. Natürlich könnten wir sagen, dass nichts von den Ereignissen aus dem Traum in der realen Welt geschehen ist, aber es lohnt sich dennoch, über die Frage nachzudenken. Die reale Welt ersteht über dieselben sechs Kanäle wie dieser Traum. Dieses Erstehen möchten wir besser begreifen.

Wir üben uns nun seit einem Monat im Meditieren, und wir haben die Fähigkeit entwickelt, mit unserer Aufmerksamkeit bei einem Objekt unserer Wahl zu verweilen. In den letzten zwei Wochen war es ein gänzlich inneres Objekt, ein leuchtender Ball, der sich von unserer Nasenspitze weg- und wieder zu ihr hinbewegt, wobei typischerweise der Kopf im Mittelpunkt stand. Es war kein äußerlich wahrgenommenes Objekt mehr wie zuvor die Kerzenflamme oder das Gefühl des Atems.

Jetzt ist es an der Zeit, uns tiefer auf unsere Erfahrung mit diesem imaginären Objekt einzulassen. Statt uns vorzustellen, wie der weiße Ball sich über unsere Weltkarte und immer weiter hinaus in die Galaxis bewegt, ändern wir diese Übung so ab, dass wir die ganze Zeit reglos verharren, nie unser Bett verlassen. Dazu stellen wir uns statt des sich bewegenden weißen Balls nun eine weiße Blase vor, die sich mit jedem Atemzug aus unserer Mitte heraus ausdehnt und dann wieder zusammenzieht.

ÜBUNG
Die weiße Blase

In dieser Übung stellen Sie sich vor, Sie befänden sich im Inneren einer Blase. Zuerst imaginieren Sie eine Blase mitten in Ihrer Brust. Sie ist weiß und leuchtet — nicht sehr hell, ein sanftes Weiß wie von einer schwachen Glühbirne. Die Blase fängt klein an, wird beim Einatmen etwas größer und schrumpft dann beim Ausatmen wieder auf ihre ursprüngliche Größe. Wenn Sie das nächste Mal einatmen, dehnt sich die Blase so weit aus, dass Sie ganz darin eingeschlossen sind, und beim Ausatmen zieht sie sich dann wieder zu einer kleinen Blase in Ihrer Mitte zusammen.

Imaginieren Sie bei jedem Atemzug, wie die Blase immer größer wird — sie dehnt sich bis zu den Wänden Ihres Zimmers aus und zieht sich wieder zusammen, dann erreicht sie die äußeren Hauswände und zieht sich wieder zusammen. Machen Sie dazwischen so viele Atemzüge, wie Sie möchten, ehe Sie die Größe weiter steigern. Die Blase kann größer und immer größer werden, sie kann sich bis zum Rand Ihres Grundstücks ausdehnen, bis zur Mitte Ihres Wohnorts, bis zur Hauptstadt Ihres Landes und so weiter, und jedes Mal schrumpft sie beim Ausatmen und zieht sich wieder in Ihre Brust zurück. Irgendwann schließt sie das ganze Universum ein.

Wenn Sie noch Zeit haben, nachdem die Blase auf die Größe des Universums angewachsen ist, lassen Sie sie anschließend schrittweise wieder kleiner werden, sodass sie sich bei jedem Atemzug etwas weniger ausdehnt, bis sie schließlich in Ihrer Brust bleibt. Dabei verweilen Sie dann und lassen Sie die Blase beim Einatmen nur etwas heller leuchten, ohne dass sie ihre Größe verändert.

Beobachten Sie, ob Sie bei dieser Übung die Ruhe spüren können, die sich manifestiert, wenn Sie die weiße Blase visualisieren. Die Ruhe ist unbewegt. Schauen Sie, ob Sie in der Mitte der sanft leuchtenden Blase dieses Gefühl der Ruhe finden. Was wir als Meditierende tun, ist, uns auf ein Objekt unserer Wahl zu konzentrieren, bewusst, aber ohne große Anstrengung. Es ist eher so, als ob wir es geschehen lassen. Wir führen und lenken etwas ganz behutsam.

Unsere Mitte wiederentdecken

Shamata ist wie Teig kneten — wir führen unterschiedliche Übungen mit klarer Absicht aus, und allmählich wird unsere Fähigkeit, unsere Konzentration auf etwas zu richten und bei dem, was wir vorfinden, zu verweilen, immer stärker und flexibler, so wie Teig weich und geschmeidig wird, wenn wir ihn abwechselnd kneten und gehen lassen. Das ist der Effekt jeder wiederholten Übung, selbst kurzer Übungen, wie wir sie hier machen. Aber unsere Bemühungen haben noch ein zweites Thema. Wir verlagern allmählich unsere Konzentration ins Zentrum unserer Manifestation, zu dem Punkt, wo all unser Kartieren seinen Ursprung hat. In diesem Zusammenhang ist es interessant, kleine Kinder zu beobachten — sie sind so mühelos in ihrem Körper zentriert. Doch wenn wir älter werden, verlieren viele von uns ihre Mitte, bis wir irgendwann vielleicht tiefgehende körperliche Beschwerden oder sogar Krankheiten mit uns herumtragen, ohne es zu bemerken. Nun, da wir in die sechste Woche gehen, fangen wir an, zu unserer Mitte zurückzukehren.

Fragen und Anmerkungen

Wenn ich die weiße Blase betrachte und versuche, mich zu fokussieren, dann verändert sie sich!

Kämpfen Sie nicht dagegen an, denn bei Reaktivität geht es immer um Widerstand. Nehmen Sie das an, was Sie bekommen, und denken Sie: «Das ist in Ordnung. Damit arbeite ich jetzt.» Dann wird Ihr Widerstand abnehmen, weil Sie nicht kämpfen. Das Problem ist, dass Sie versuchen, eine Anleitung zum Meditieren zu befolgen. Wenn wir Anleitungen befolgen, beurteilen wir ständig, ob wir es richtig oder falsch, gut oder schlecht machen. Das ist ein grundsätzliches Problem bei Meditationsanleitungen: Sie haben eine Tendenz, sich selbst im Weg zu stehen. Es geht darum, den Prozess des Erkennens zu überwinden, und das heißt natürlich, dass es keine richtige oder falsche Art, es zu tun, geben kann. Also machen Sie sich keine Sorgen — was immer Ihr Geist Ihnen liefert, gehen Sie darauf ein mit der Haltung «Prima, das ist völlig in Ordnung. Damit werde ich arbeiten!» Sie werden feststellen, dass Ihr Geist sehr bald aufhört herumzuspielen und Ihnen das liefert, was Sie wollen.

Die Tibeter haben eine wunderbare Metapher: Der Geist ist wie ein Affe, der in einem Baum hockt, umgeben von lauter Früchten, nach denen er greifen kann. Natürlich wird er Ihnen alles geben, nur nicht das, wonach Sie verlangt haben — wie Affen nun mal sind! Aber wenn Sie sich nicht daran stören, wird es dem Affen langweilig, und er gibt Ihnen, was Sie haben wollen. Üben Sie Ihre drei Minuten täglich, und machen Sie keine große Sache daraus — tun Sie es so routinemäßig wie möglich. Sie werden feststellen, dass der Affe es aufgibt, seine Spielchen mit Ihnen zu treiben, weil Sie nicht darauf reagieren.

Anfangs hatte ich den Dreh schnell heraus, aber dann wurde ich abgelenkt.

Ablenkungen kommen immer wieder vor. Seien Sie geduldig und reagieren Sie nicht darauf. Es ist nicht hilfreich, das Diskutieren anzufangen, etwa zu sagen: «Ich kann das nicht! Ich muss mich mehr anstrengen!» Tun Sie nichts dergleichen, denn das ist eine Falle, die das Meditieren schwieriger macht — als sei es eine Aufgabe, die wir bewältigen müssten.

Danke für diese hilfreichen Anleitungen! Ich fand die Übung mit der weißen Blase viel leichter als die mit dem weißen Ball, und ich habe die Mitte meiner Brust als das Zentrum meines Seins erlebt, als die Blase dort war. Das war wunderbar. Als das geschah, konnte ich mich so richtig hineinfallen lassen.

Wie bereits erwähnt, sagen viele Praktizierende, dass das Zentrum unseres Bewusstseins im Herzen liegt, und damit ist nicht das physische Organ gemeint, sondern die Mitte der Brust. Manche antiken Kulturen hatten ähnliche Ansichten. So nahmen beispielsweise die alten Griechen an, die Funktion des Gehirns sei, den Körper zu kühlen, wiederum weil sie glaubten, das Bewusstsein sei in der Mitte verortet, nicht im Kopf. Jedenfalls freut es mich, dass Sie diese Erfahrung gemacht haben. Das ist großartig. Was wir erleben, wenn wir eine Meditation wie diese praktizieren — selbst wenn es nur für drei Minuten ist —, sind die Ausgestaltungen des ruhigen Zustands. Nun kann sich der ruhige Zustand als Glück oder Freude manifestieren, als Klarheit oder auch auf viele andere Arten. Der ruhige Zustand ist der Zustand, in dem wir einfach so verweilen, wie wir sind. Und da jeder von uns ein Individuum ist und wir alle uns von Tag zu Tag verändern, wird der ruhige Zustand unterschiedlich ausgestaltet sein; er wird sich je nach unserer körperlichen Verfassung unterschiedlich anfühlen. Aber ganz gleich, wie er sich manifestiert, der ruhige Zustand selbst hat immer die Kontinuität von *Vicara*. Ob der Zustand nun ruhiges Glück ist, ruhige Freude, ruhige Leichtigkeit, ruhige Weite oder ruhiges Was-auch-immer, dieses Gefühl ruhiger Kontinuität ist immer da. Der Schlüssel liegt darin, sich darauf zu fokussieren. Ob es nun an einem Tag glücklich ist und an einem anderen weit oder an einem Tag freudig und an einem anderen traurig — im Grunde spielt es keine Rolle, welche Qualität das Gefühl annimmt. Im Zentrum dieses Zustands ist immer die Kontinuität, der Fluss.

Diese ruhige Mitte ist ein sehr wertvolles Meditationsobjekt. Man könnte sagen, alles, was wir erleben, ist ein Ausdruck, der aus diesem Gefühl der Ruhe entsteht, wir verlieren nur den Kontakt dazu. Wir werden so stark durch die Qualitäten aufgeladen, die aus unserem ursprünglichen Kontakt mit unseren Sinneskanälen hervorgehen, dass wir die Verbindung zur auftretenden Empfindung verlieren und in ein reflexiv-kognitives Labyrinth aus lauter Assoziationen und Bedeutungen geraten. Wenn das geschieht, erzeugen wir eine Welt und verlieren dabei den Kontakt zu uns selbst.

Lesen Sie erst weiter, wenn Sie die vorige Übung sieben Tage lang praktiziert haben!

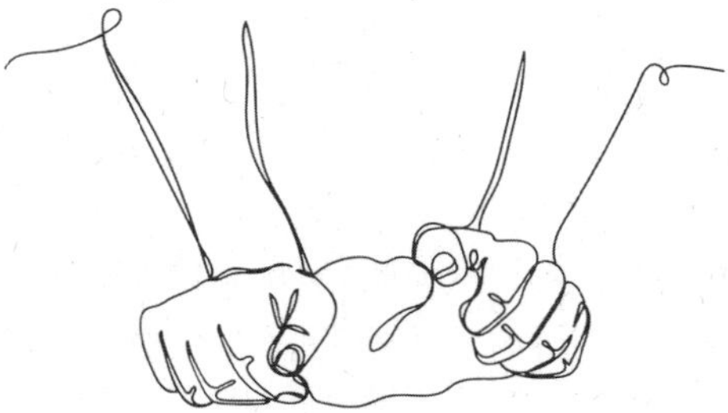

KAPITEL SIEBEN

IN DIE MITTE GEHEN

Wir haben nun eine *Shamata*-Praxis aufgebaut, und letzte Woche haben wir während der Meditation einen Zustand der Ruhe entwickelt. In diesem ruhigen Zustand manifestiert sich etwas geradezu Magisches.

In den frühen 1970ern konnte man noch über Land von Europa bis nach Indien reisen, über den Bosporus und weiter durch die Türkei, den Iran und Afghanistan. Das war vor der langen Reihe von Invasionen und den nicht enden wollenden Unruhen. Kandahar, die große Wüstenstadt im südlichen Afghanistan, war damals noch unbeschädigt. Eine einzige gepflasterte Straße führte am Rand entlang, der Rest der Stadt war ein Labyrinth enger Straßen, in denen kein Platz für Autos war, zu beiden Seiten von Wohnhäusern mit Flachdach begrenzt, und in der Mitte stand die berühmte Blaue Moschee. An der besagten Straße gab es ein kleines, aus Beton gebautes Hotel mit Blick auf die Altstadt. Von dort hatte man eine herrliche Aussicht über die sandfarbenen Häuser bis zu der blauen Kuppel, die in der Ferne schimmerte.

Eines Abends ging die Sonne gerade als riesiger Ball unter, und es war sehr still. Man hörte nur die Laute von Tieren — Hundegebell und das «Iah» von Eseln, untermalt von den leisen Hintergrundgeräuschen am Ende eines heißen Tages. Während die Sonne sich von Gelb zu Orange verfärbte, wurde es kühler, und ein leichter Wind kam auf. Dann fing jemand an, Flöte zu spielen.

Es muss eine dieser billigen kleinen Metallflöten gewesen sein, wie sie auf dem heimischen Markt verkauft wurden. Sie spielte kleine, wiederkehrende Melodien, und zwischendurch verstummte sie. Aber es war, als spielte der Flötenspieler für die Stadt selbst. Es war ein ganz außerordentliches, wunderbares Erlebnis. Eine Melodie ertönte, dann kam irgendein anderes Geräusch dazwischen — vielleicht bellte ein Hund, oder jemand rief etwas. Dann spielte der Flötenspieler die nächste Melodie, und dann kam wieder ein anderes Geräusch. Manchmal blieb es eine Weile still, bis die Flöte erneut ertönte. Es war wie ein Duett — die Flöte und die Stadt, alles eins, umfangen von der anhaltenden Stille der untergehenden Sonne. Innehalten, dann Bewegung in diesem Innehalten; spontan. Dann eine Antwort, ein scheinbar unverbundenes Geräusch — vielleicht das Schlagen einer Tür oder eine rufende Stimme —, das wie eine Einladung für die nächste kleine Melodie wirkte. Anschließend abermals Stille.

Wegen der Flöte war die Stille nie leer. Die Musik und die Stille und die Geräusche waren eins, sie bildeten ein Ganzes. So manifestiert sich direkte Erfahrung. Alle Phänomene sind in Harmonie, weil eins aus dem anderen hervorgeht. Hier gab es einmal keinen Bezug auf eine Landkarte oder eine Idee dessen, was da geschah. Die Flöte hatte eine Tür dazu geöffnet, einfach da zu sein.

Normalerweise leben wir unser Leben wie Navigatoren, wie Piloten, die sich beim Fliegen auf Instrumente verlassen. Aber die Flöte war eine Einladung: Komm, lebe im Innen, in Harmonie, statt aus der Entfernung zu versuchen, dem allen einen Sinn abzugewinnen! Solange wir draußen sind, uns auf unsere Kontrollinstrumente verlassen, laufen wir immer Gefahr, außer Harmonie mit den Ereignissen, wie sie sind, zu geraten. Wir kommen in Turbulenzen, werden aufgewühlt, verlieren die Verbindung.

Indem wir lernen, unseren eigenen Weg zu wählen, gewinnen wir die Freiheit, aus unserem Modell davon, wie die Dinge sind, herauszutreten. Normalerweise verlassen wir uns beim Lernen auf eine Landkarte, eine Struktur, die all unsere Erwartungen und

Vorurteile enthält, vielleicht basierend auf Hörensagen oder auf den Folgen eines Ereignisses, das uns in der Vergangenheit widerfahren ist. All diese Elemente werden gespeichert, sie gehen als Ergänzungen, Korrekturen oder Verbesserungen in unsere kognitive Landkarte ein. Die Karte wird immer dichter, immer detaillierter. Und dann leben wir nach ihr, fortwährend geleitet, und unsere erste Reaktion auf jeden neuen Eindruck richtet sich nach ihr.

In der Meditation geht es darum, sich von dieser Struktur zu befreien — nicht sie zu zerstören, sondern unsere Beziehung zu ihr neu zu konfigurieren. Wie bei jeder wirkmächtigen Fähigkeit brauchen wir Übung, um die Führung über den Kartografen zu übernehmen, wir müssen lernen, ihn zu benutzen, statt uns von ihm benutzen zu lassen. Es geht darum, bestimmt zu sein, aber auf eine seltsame, ungewohnte Art. Wenn wir zum Beispiel die Biografien sogenannter spiritueller Meister lesen, stellen wir oft fest, dass sie Dinge aus sehr praktischen Gründen tun. Sie sind nicht über das Lernen erhaben. Viele von ihnen müssen neue Fähigkeiten und Fertigkeiten erwerben, und sie eignen sie sich dann einfach an und perfektionieren sie. Und anschließend gehen sie zur nächsten Sache über. Wir denken immer, diese Leute seien ganz besonders, gewissermaßen mit einer magischen Begabung ausgestattet. Aber wenn wir sie auf diese Weise verstehen, sehen wir, dass sie Menschen sind, die die Kontrolle über ihre Erfahrung übernommen haben, statt sich durch ihre eigenen Vorstellungen über sie beschränken zu lassen. Man kann sogar sagen, sobald wir die Kontrolle über unsere eigene Erfahrung übernehmen, haben wir bereits die Meisterschaft erlangt. Wir sind Meister unserer Erfahrung, selbst wenn es nur für diesen Moment ist. Das ist eine wichtige Erkenntnis, etwas, das wir bedenken sollten. Schüler tun nichts, Schüler sammeln nur. Erst wenn wir beginnen, das Gesammelte anzuwenden, nehmen wir es in Besitz, übernehmen die

Führung und Verantwortung, und erst dadurch wird tiefgreifende Veränderung möglich. Das ist das Wesen der Meisterschaft.

Und noch ein weiterer Punkt tritt hier zutage: Die Ruhe, die wir anstreben, ist kein Zustand des Verharrens; vielmehr ist sie ein Zustand der Klarheit. Die Ruhe, nach der wir streben, bringt Klarheit in alle Erfahrung. Sie ist kein Verharren und Beobachten der Erfahrung. Diese Ruhe ermöglicht uns den Zugang zu unserer Erfahrung, bevor der kartierende, reflexive Geist ihr einen Sinn zuschreibt. Wenn wir versuchen, in Ruhe zu verweilen, uns in der Ruhe heimisch zu machen, erschaffen wir einen abgeschlossenen Raum, von dem aus wir beobachten und aus unserer Landkarte heraus einen inneren Kommentar hervorbringen können. Aber das ist nicht das, was wir erreichen wollen. Diese Ruhe ist konzeptionell. Deshalb führt *Shamata* so oft in eine Sackgasse. Menschen nutzen ihr *Shamata*, um darin zu verharren. Selbst wenn dieses Verharren immer kontinuierlicher gelingt, ist es im Prinzip blind dafür, die Erfahrung selbst zu steuern.

Uns geht es vielmehr darum, zu sein wie dieser Flötenspieler in Kandahar, auf Ereignisse einzugehen, aber nicht von ihnen getrennt zu sein. Was wir anstreben, ist ein Duett mit unserer Erfahrung. In all den Übungen, in denen wir mit einem Objekt gehen, unsere Fähigkeit des *Vicara* entwickeln, versuchen wir nicht einfach nur zu verharren, während unser Konzentrationsobjekt sich außerhalb von uns bewegt. Unsere Absicht ist, uns mit dem Objekt zu bewegen. Wenn wir lediglich verharren, während unser Objekt sich bewegt, sind wir in einer kleinen Landkarte, wir tragen hier ein «Ich» ein, während das Objekt sich außerhalb von uns bewegt.

Um in diesen angestrebten Zustand zu finden, lernen wir eine andere Daseinsweise. Sie ist jedoch keineswegs mystisch, kompliziert, weit entrückt oder speziell. Sie ist direkt und ohne Landkarte. Wir müssen uns in ihr behutsam unseren Weg suchen, denn es ist etwas ungewohnt, in der Erfahrung und sich ihrer zugleich bewusst zu sein. Der Schlüssel liegt darin, den auftretenden Gefühlen zu folgen. Bei manchen von uns kann das Wärme sein oder Weite oder Frieden. Was immer sich manifestiert, ist ein Ausdruck unseres eigenen Zustands. Das Wichtige ist, das wahrzunehmen, was all solche Empfindungen begleitet — den Fluss der Ruhe wahrzunehmen, zu dem wir in *Vicara* Zugang erlangen, und ihn nun selbst zu einem Meditationsobjekt zu machen.

ÜBUNG

Auf- und absteigende Bälle

Diese Meditationsübung baut auf unserer Arbeit mit einem inneren Meditationsobjekt auf. Zum Einstieg können wir noch einmal die Übung mit der weißen Blase oder die mit dem weißen Ball nutzen. Doch sobald wir uns hineingefunden haben, imaginieren wir zwei leuchtende Bälle, die in unserer Mitte ruhen. Oben ist ein weißer Ball, klein, wie ein strahlender Lichtpunkt, und darunter ein roter, ebenfalls klein und leuchtend. Zwei kleine Lichtpunkte. Machen Sie sich nicht zu viele Gedanken um die Größe. Beide Bälle sind strahlend hell und ruhen genau im Zentrum unseres Körpers, in der Mitte der Brust.

Während wir einatmen, steigt nun der leuchtende weiße Ball durch unseren Hals bis in die Mitte des Kopfes auf. Gleichzeitig bewegt sich der strahlende rote Ball abwärts durch den Bauch bis zwischen unsere Beine. Wenn wir dann ausatmen, steigt der rote Ball auf, und der weiße sinkt ab, bis sie wieder beide übereinander in der Mitte unseres Torsos ruhen. Mit jedem Atemzug lassen wir diese Bälle auf- und absteigen. Wenn wir möchten, können wir sie immer größere Strecken zurücklegen lassen, wichtig ist jedoch, dass sie sich innerhalb unseres Körpers auf und ab bewegen, nicht vor uns — normalerweise würden wir vielleicht dazu neigen, sie dort zu visualisieren.

Wenn uns die Übung mit dem roten und dem weißen Ball zu schwer fällt, können wir uns stattdessen auch zwei weiße Bälle vorstellen, von denen einer aufsteigt und der andere absinkt, oder zwei grüne oder blaue Bälle oder was auch immer. Es könnten sogar zwei Pudel sein, darauf kommt es gar nicht an! Die Hauptsache ist, dass sie leuchten, sich zu Beginn im Zentrum des Körpers befinden und sich entlang der Mittelachse des Torsos auf und ab bewegen. Was immer wir uns vorstellen, die Objekte befinden sich in unserem Körper. Sie bewegen sich nicht vor uns auf und ab, als könnten wir sie anschauen. Sie sind mitten in uns.

Während wir drei Minuten lang so atmen, steigen und sinken die Bälle allmählich etwas höher beziehungsweise tiefer, sodass irgendwann der eine bei jedem Atemzug am Scheitelpunkt aus dem Kopf austritt und der andere den Körper zwischen den Beinen verlässt. Es ist nicht wichtig, wie weit sie sich bewegen, aber wenn Sie möchten, können Sie die Strecke immer weiter steigern. Die Hauptsache ist, dass die Bälle mit jeder Ausatmung ins Zentrum zurückkehren.

Wenn Sie gerade erst mit der sich ausdehnenden weißen Blase vertraut geworden sind, können Sie sich dieser neuen Übung annähern, indem Sie zunächst ein paar Atemzüge lang mit der weißen Blase arbeiten. Und wenn Ihnen auch die Übung mit der Blase noch schwerfällt, können Sie den weißen Ball nehmen, der sich von der Nasenspitze wegbewegt! Wenn Ihnen das auch zu schwierig ist, gehen Sie zurück zur Empfindung des ein- und ausströmenden Atems an Ihrer Nase, und wenn auch das zu schwer sein sollte, greifen Sie auf die Kerze oder die Glocke zurück. Das Entscheidende ist hier, dass wir zunächst unsere Aufmerksamkeit bewusst auf etwas richten, und dann entspannen wir uns und lassen zu, dass die Erfahrung sich manifestiert, ohne irgendetwas anderes zu tun.

Sich vom Kartografen befreien

Für unseren rationalen, kartierenden Geist erscheint eine direkte Erfahrung wie diese potenziell gefährlich. Schließlich ist die narrative Struktur, in der wir leben, ein Mittel zur Vorhersage, das uns vor unerwarteten Entwicklungen schützen kann. Zum Beispiel frühstücke ich manchmal mit dem Kaninchen meiner Tochter. Es hat eine Landkarte. Es schaut sich ständig um, befindet sich in einem reaktiven, ängstlichen Zustand, denkt fortwährend, etwas könnte nicht in Ordnung sein. Nach einer Weile überwindet es seine Angst. Ich trainiere das Kaninchen allmählich darauf, sich in der Welt wohlzufühlen. Auch wir sind so. Wir haben immer einen Plan. Wir denken «Ich muss dies lernen» oder «Ich muss jenes tun!». Meditation ist eine Chance, diese Reaktivität zu überwinden. Sie ist ein «Nicht-Tun». Wenn Sie keine Landkarte haben, sind Sie im Nicht-Tun; Sie reagieren nicht auf Warnzeichen, die aus dem entspringen, was Sie zu tun glauben. Man könnte sagen, die ganze Vorstellung von Handelndem und Handlung ist an die Landkarte gebunden. Und von dieser wollen wir uns freimachen.

Das ist der Grund für kurze Meditationen. In solchen kleinen Zeiträumen können wir einen Blick auf die Ruhe erhaschen, bevor die Landkarte in den Vordergrund tritt. Doch sobald unser Kartograf verarbeitet hat, was wir beabsichtigen, ist es, als würde der Kartograf sagen: «Ich weiß, was das ist. Ich kann das!» Wenn das geschieht, haben wir ein Problem. Dann hat der Kartograf sich unserer Meditation bemächtigt und versucht, uns vorzuschreiben, wie wir sie zu praktizieren haben — er liefert einen Kommentar darüber, ob wir gut meditieren oder nicht. Aber in Wirklichkeit meditieren wir dann gut, wenn wir ganz dabei sind, ohne dass uns bewusst ist, dass wir gut meditieren! Wenn wir wissen, dass wir gut meditieren, befinden wir uns in einer Landkarte, in der Vorstellung, wie gutes Meditieren aussieht. Das ist eine tückische und schwer zu fassende Angelegenheit. Es ist etwas, womit wir schlau und geschickt arbeiten müssen. Mit zunehmender Erfahrung werden wir unsere eigenen Wege finden, uns von dem Kartografen zu befreien, wir erhaschen kurze Blicke auf die Freiheit, bevor er wieder aktiv wird und erneut die Kontrolle übernimmt.

Fragen und Anmerkungen

Warum verorten wir die weißen und roten Bälle in der Mitte unseres Körpers und nicht irgendwo anders?

Der Grund ist, dass wir etwas über unsere Mitte lernen. Wie bereits erwähnt: Wenn wir mit kurzen Phasen von *Vitakka* und *Vicara* vertraut werden, baut sich in uns ein Gefühl auf, hier zu sein, zentriert und stabil. Diese Meditationsübung arbeitet ganz bewusst aus einem solchen zentrierten Gefühl heraus, statt unsere Aufmerksamkeit auf etwas außerhalb von uns zu richten. Denken Sie daran, alle Bezugnahme auf außen und innen ist reine Schlussfolgerung. Hier wählen wir also ein imaginäres Sinnesobjekt, das wir selbst erzeugen, und verorten es in unserer Brust, wo wir es nicht sehen können. Wir fangen an, die Aufmerksamkeit nach innen zu richten — das heißt im Grunde, wir fangen an, unsere Aufmerksamkeit dort ruhen zu lassen, wo sie eigentlich ist.

Sie sagen also, dass die Bälle in irgendeinem Sinn tatsächlich da sind?

Das kommt darauf an, was Sie mit «da» meinen. Wir ordnen unsere Erfahrung in eine Landkarte ein, und weil dieser Vorgang nicht bewusst abläuft, sind wir zutiefst unfähig, uns selbst zu kontrollieren. Wenn ich Ihnen nun ein neues «Da» vorschlagen würde, von dem Sie ausgehen können, liefere ich Ihnen nur eine andere Karte, die Ihnen ebenso wenig bewusst wäre! Stattdessen sollten wir lieber anfangen, mit unserer Erfahrung zu arbeiten, sodass wir Kontrolle über sie erlangen und dann herausfinden können, was darin Kartieren ist und was nicht. Nur drei Minuten täglich!

Hat das Meditieren über die leuchtenden Bälle irgendetwas mit direkter Erfahrung zu tun? Ist das nicht bloße Vorstellung?

Wenn Sie die Bälle direkt wahrnehmen, dann ist das eine direkte Erfahrung. Alles, was wir erfahren, erreicht uns durch unseren Geist, insofern könnte man sagen, es ist alles nur Vorstellung. Es gibt keine Erfahrung, die nicht auf die eine oder andere Weise durch den Geist vermittelt ist. Aber wir neigen dazu, direkte Erfahrungen als Dinge aufzufassen. Wenn unsere Erfahrungen einmal als Dinge identifiziert sind, werden sie mit allerlei Assoziationen belegt — sie werden schön oder unschön, gut oder schlecht. Es sind dann keine direkten Erfahrungen mehr. Das ist die ganze Herausforderung bei dem, was wir tun. Echte direkte Erfahrung ist frei von Zuschreibungen und Etiketten, frei von Assoziationen, die die Erfahrung mit unseren früheren Erinnerungen verknüpfen. Dieser Prozess der Identifikation, des Etikettierens, dient dazu, die Erfahrung, die da etikettiert wird, mit einer Identität zu versehen; wir «wissen» dann, womit wir es zu tun haben, und es ist keine direkte Erfahrung mehr.

Bei der Übung dieser Woche habe ich beobachtet, dass mein geistiges Bild von den roten und weißen Bällen immer wieder zerfiel. Ich hatte kein kontinuierliches Bild von den sich bewegenden Bällen. Es war bruchstückhaft. Ich erlebe diese Bälle wie eine Aneinanderreihung einzelner Bilder, die sich nicht nahtlos zusammenfügen.

Das könnte man durchaus positiv deuten. Es wäre möglich, dass Sie sehr tief meditieren und die Entstehung von Bewusstsein von Augenblick zu Augenblick sehen. In tiefer Konzentration kann man tatsächlich an einen Punkt gelangen, wo das Bewusstsein flackert, da die bewusste Wahrnehmung abwechselnd mit ihrem Objekt auftaucht. Dieses Phänomen wird in allen Traditionen berichtet.

Wahrscheinlicher ist jedoch eine andere Erklärung, nämlich dass bei Anfängern die mental erzeugten Objekte immer wieder aussetzen, weil die Fähigkeit zur Konzentration noch nicht ausgereift ist, sodass das Bild sehr leicht lückenhaft wird. Darüber stolpern viele Meditierende, weil sie das Gefühl haben, das, was sie tun, sei wertlos. Wenn wir jedoch dranbleiben, werden wir feststellen, dass mit wiederholter Übung das Bild allmählich stabiler wird.

Normalerweise führen all unsere Bemühungen immer zum Begrifflichen, Konzeptuellen. Wenn wir versuchen, etwas zu tun, erzeugen wir ein Modell davon und arbeiten daran, das, was wir tun, zu perfektionieren, wobei wir uns von der Landkarte leiten lassen. Aber Meditation funktioniert nicht so. Hier geht es darum, eine geistige Fähigkeit zu entwickeln, eine erwachte Bewusstheit, die nicht durch die Landkarte der Bedeutungen definiert ist, die wir uns konstruiert haben. Das ist eine sehr fremdartige und ungewohnte Aktivität. Aber wenn wir erst einmal mit ihr vertraut geworden sind, führt sie zu einer Entdeckung von immenser Tragweite — der Entdeckung, dass es etwas anderes als eine Landkarte gibt, wonach wir leben können. Natürlich können wir losziehen und fremde Orte erkunden, aber wenn wir dabei weiterhin von Augenblick zu Augenblick in einer Landkarte gefangen sind, werden wir nicht sehr weit kommen; wir wechseln nur die Szenerie, von der die Landkarte erzeugt wird. Wenn wir hingegen die Landkarte verlassen, können wir in unser Wohnzimmer gehen und in ein anderes Universum eintreten.

Lesen Sie erst weiter, wenn Sie
die vorige Übung sieben Tage lang
praktiziert haben!

KAPITEL ACHT

DIE KRAFT DES LÄCHELNS

Eins der Themen, die wir im Laufe der vergangenen sieben Wochen entwickelt haben, ist eine Überprüfung «der Welt». Wir leben in einem Modell, einer verkürzten Version. Das soll nicht heißen, dass es dort draußen gar nichts gibt. Der Punkt ist vielmehr, dass wir es nicht unmittelbar erfahren. Dieses Modell, das wir haben, ist voller bekannter Dinge, aber diese Dinge wurden in einem Prozess erzeugt, dessen wir uns normalerweise nicht bewusst sind. Wenn wir uns einmal näher anschauen, wie Reflexe ablaufen, kommen wir zu dem Schluss, dass es rund vierhundert Millisekunden dauert, auf irgendeinen Sinneseindruck hin dieses Modell zu erzeugen, Moment für Moment. Das ist eine recht beträchtliche Zeitspanne. So lange braucht man ungefähr, um einoder zweimal mit den Fingern zu schnippen. Was auch immer also die Welt sein mag — und natürlich ist es streng genommen unmöglich, das zu wissen —, wir sind ihr stets um ein Fingerschnippen hinterher.

Studien haben gezeigt, dass unsere Physiologie darauf ausgerichtet ist, diesen Zeitversatz in unserem kognitiven Prozess nach Möglichkeit zu verschleiern. Dabei sind präzise Mechanismen in Kraft, die eine Verzögerung bewirken. Wenn wir uns in Bewegung setzen — sagen wir, um etwas aufzuheben —, werden die Hirnregionen, die diese Bewegung steuern, später aktiviert als die Hirnregionen, die für die Wahrnehmung der Bewegung zuständig sind. In allen unseren Handlungen gibt es eine kleine Zeitspanne der Erwartung. Wenn das nicht der Fall wäre, wenn also die Verzögerung nicht irgendwie kompensiert würde, dann wären wir unseren Handlungen immer hinterher! All diese logischen und wissenschaftlichen Daten führen zur selben Schlussfolgerung: Der gegenwärtige Moment, den wir erleben, ist in Wirklichkeit gar nicht gegenwärtig. Er ist es nur in der Landkarte der Bedeutung, die wir uns erschaffen haben.

Wir leiden an dem Problem, dass die Dinge in der Welt, die wir kartiert haben, nicht bloß benannt sind; sie sind auch Aufforderungen, die mit Meinungen und Erinnerungen verknüpft sind. Wenn ich zum Beispiel eine Uhr zur Hand nehme, erkenne ich diese Kombination von Sinneseindrücken, die ich als Objekt deute, nicht einfach nur als «Uhr». Ich habe auch Meinungen dazu. Vielleicht gefällt sie mir oder auch nicht. Vielleicht erinnere ich mich, sie auch gestern schon in der Hand gehabt zu haben, oder mir kommt der Gedanke, die Batterie zu wechseln. Jeder Gegenstand, den wir identifizieren, ist mit kleinen Anweisungen verknüpft. Insofern ist die Metapher von der Landkarte nicht ganz zutreffend – es ist nicht bloß ein Stück Papier! Vielmehr enthält dieser Leitfaden, den wir Moment für Moment erzeugen, zahllose Handlungsaufforderungen. «Das gefällt mir», «Das muss ich haben», «Ich muss dies und jenes tun!» Diese kleinen, aber drängenden Appelle machen uns so unruhig. Man könnte sagen, unsere Landkarten schubsen uns herum.

Das erste Ziel der Meditation ist, uns dieses innere Narrativ, diesen Leitfaden, nach dem wir leben, bewusst zu machen. Wenn wir nicht unsere reflexive Reaktivität von der Landkarte entkoppeln können, die sie hervorruft, wird es uns nie, niemals gelingen, die Kontrolle über das zu erlangen, was uns widerfährt. Wir können vielleicht Umgebungen schaffen, die unseren Bedürfnissen entgegenkommen – wie die bereits erwähnten geschlossenen Wohnanlagen –, aber das ist hochgradig paranoid. Es ist der Versuch, die Landkarte zu kontrollieren, nicht den Kartografen.

Aber selbst wenn wir die Landkarte beherrschen, bleibt im Hintergrund immer dieses Gefühl, dass wir in Gefahr sind, dass es Dinge gibt, die uns bedrohen.

Wenn wir also einmal den Punkt erreicht haben, wo wir einen ruhigen Zustand entwickeln, dient ein solcher Zustand unter anderem dem Zweck, uns von unserem reflexiven Rückgriff auf innere Leitfäden und Landkarten zu lösen. Diese werden noch immer da sein; sie verschwinden nicht, denn sie sind ein grundlegendes Element unserer Geistestätigkeit. Was wir jedoch tun können, ist, unsere reflexive Reaktivität abzuschalten, damit die Leitfäden und Landkarten nicht unser Leben bestimmen. Und je weiter wir *Shamata* entwickeln, umso mehr kann diese Fähigkeit wachsen.

Durch diese Entwicklung setzen wir ein geistiges Vermögen ein, dessen Gebrauch uns niemand je gelehrt hat. Uns wurde beigebracht, uns zu konzentrieren, aber uns wurde nie beigebracht, ruhig zu sein. Ja, natürlich haben genervte Eltern mal gesagt: «Nun beruhige dich doch endlich!» Aber das ist durchaus nicht dasselbe. Die Fähigkeit, in einen von Landkarten befreiten Zustand der Ruhe einzutreten, ist etwas Einzigartiges — und sie ist überaus wertvoll. Sie ist eine Lebensweise, die alles verwandelt, denn wenn wir eine ruhige Mitte entwickeln, hört unsere Reaktivität auf, reflexiv zu sein. An diesem Punkt haben wir die Wahl, ob wir reagieren oder nicht; es passiert nicht einfach reflexartig.

Es gibt einen Trick, um diesen kostbaren Zustand zu erreichen, und er beruht auf einer interessanten Beobachtung. Die meisten von uns haben schon Buddha-Statuen gesehen — diese Darstellungen eines meditierenden Mannes, die man heutzutage in vielen Geschäften und Restaurants findet. Vielleicht besitzen Sie sogar selbst eine. Nun, wenn Sie sie einmal genau anschauen, werden Sie feststellen, dass der Buddha immer mit einem leichten Lächeln dargestellt ist. Sie werden niemals einen sitzenden Buddha finden, der finster die Stirn runzelt oder dergleichen; er lächelt immer. Warum lächelt der Buddha immer? Hier liegt ein echtes Geheimnis. Die Sache ist die: Wenn Sie lächeln, fällt es leichter, den ruhigen Zustand zu bewahren. Auch hier können wir wieder auf Begriffe in Pali zurückgreifen, der alten Sprache, in der die Lehren über Meditation überliefert sind. *Sukha*, was «Glück» bedeutet, ist eine Voraussetzung für *Samadhi*, einen ruhigen, gelassenen, intuitiven und konzentrierten Zustand. Und darum lächelt der Buddha.

Menschen sind in dieser Hinsicht etwas sonderbar. Wenn Sie das Gesicht zu einem Lächeln verziehen, manifestiert sich die Energie eines Lächelns. Sie können also einfach, indem Sie lächeln, das warme Gefühl erleben, das ein Lächeln erzeugt. Es wird Ihren Körper durchströmen. Die Mimik des Lächelns und die Empfindung des Lächelns sind miteinander gekoppelt. Sie brauchen deshalb nur zu lächeln. Die Wärme, die das Gefühl von *Sukha* manifestiert, macht den ruhigen Zustand stabiler.

Wenn wir in unserer Meditation abgelenkt werden, geben wir normalerweise einen kritischen Kommentar dazu ab — etwas wie: «Ach, jetzt habe ich mich ablenken lassen. Ich muss zu meinem Meditationsobjekt zurückkehren!» Aber eine solche Reaktion kann kontraproduktiv sein, denn sie erzeugt einen Spannungszustand, und in der Folge versuchen wir dann, aus diesem Zustand der Anspannung heraus wieder in den ruhigen Zustand zu finden. Nun kennen wir einen anderen Weg. Wenn wir abgelenkt werden, besinnen wir uns darauf zu lächeln. «Ach, jetzt habe ich mich ablenken lassen. Macht nichts, einfach lächeln. Ich freue mich, in den ruhigen Zustand zurückzukehren.» Das ist ein wirklich wertvoller Ratschlag: Wenn Sie abgelenkt werden und feststellen, dass Ihr ruhiger Zustand instabil ist, seien Sie nicht frustriert, sondern lächeln Sie! Wenn Sie das Lächeln beibehalten, während Sie wieder in den ruhigen Zustand kommen, werden Sie feststellen, dass

Ihr Eintritt in den ruhigen Zustand mit der Zeit ganz automatisch geschehen kann. Und Sie werden jene kostbare Mühelosigkeit erleben, von der wir bereits gesprochen haben.

ÜBUNG
Lächelnd dasitzen

Zum Einstieg in diese Übung splitten wir unsere Meditation zunächst in zwei Teile. Erst arbeiten wir mit den roten und weißen Bällen oder der weißen Blase oder dem einzelnen weißen Ball oder dem Atem oder dem Glockenton oder der Kerze — womit auch immer wir gut zurechtkommen. Dann lächeln wir und lassen die Technik in einen Zustand der Ruhe hinein ausklingen, in dem wir gar kein Meditationsobjekt mehr haben.

Wenn wir die roten und weißen Bälle nutzen, ist eine Möglichkeit, die Bälle immer weiter und weiter steigen und sinken zu lassen, bis sie schließlich so weit entfernt sind, dass sie sich einfach auflösen. Dann sitzen wir da, verweilen in diesem ruhigen Zustand, ein leichtes Lächeln auf dem Gesicht.

Wir lassen unsere Aufmerksamkeit auf der Wärme des Lächelns ruhen. Während wir das tun, entspannen wir uns immer mehr und immer tiefer in diesen warmen, sicheren Raum hinein.

Ruhige Klarheit mit offenen Augen

Wenn Sie mit dieser Übung ein wenig vertraut geworden sind, versuchen Sie zwischendurch im Laufe des Tages einfach mal, irgendetwas anzuschauen und zuzulassen, dass ruhige Klarheit gegenwärtig wird. Sie ist immer da, nur meist verdeckt, überlagert von glänzenden Dingen mit all ihren Assoziationen und Appellen. Lächeln Sie einfach, und wenn Sie einmal auf den Geschmack gekommen sind, können Sie ruhige Klarheit in jeder Erfahrung haben.

Wenn Sie beim Meditieren abgelenkt werden, lächeln Sie. Dann fangen Sie neu an und treten wieder in den ruhigen Zustand ein, sei es mithilfe der Bälle oder der Blase oder was auch immer. Vielleicht gelingt es Ihnen auch einfach so, in den ruhigen Zustand einzutreten, dann tun Sie das. Wie Sie dorthin gelangen, spielt keine Rolle. Und wenn Sie dann von etwas abgelenkt werden, lassen Sie diese Ablenkung zu. Dann lächeln Sie und machen weiter.

Sitzen Sie mit diesem Lächeln da. Ob Sie dabei die Augen offen oder geschlossen halten, ist nicht wichtig. In gewisser Weise baut die Meditation mit offenen Sinnen eine Stabilität auf, die Sie in Ihre Alltagsaktivitäten mitnehmen können. Deshalb ist es letztendlich vorzuziehen, mit offenen Augen zu meditieren, aber wenn Sie das zu ablenkend finden, schließen Sie die Augen. Wenn Sie daran gewöhnt sind, werden Sie in der Lage sein, einen ruhigen Zustand zu entwickeln, auch wenn Ihre Augen und sonstigen Sinne offen sind und allerlei Eindrücke auf Sie einströmen. In diesem Zusammenhang spricht man mitunter von Nicht-Meditation. Der Unterschied besteht nicht darin, ob wir auf einem Kissen sitzen oder nicht; entscheidend ist vielmehr, ob wir völlig im Zustand von *Shamata* sind. Wenn wir diesen Zustand erreichen können, überziehen wir unsere Füße mit Leder, statt zu versuchen, die ganze Welt mit Leder zu überziehen. Dann können wir überallhin gehen.

Fragen und Anmerkungen

Muss ich wirklich lächeln?

Ja, auch wenn es vielleicht nur ein ganz leichtes Lächeln ist, das Ihre Lippen umspielt. Wenn wir lächeln, tendieren wir dazu, uns glücklich zu fühlen. Der bloße Akt des Lächelns erzeugt ein Glücksgefühl. Also lächeln Sie wirklich — denken Sie nicht nur ans Lächeln! Ein leichtes Lächeln zu halten, hilft, *Sukha* zu erzeugen, und *Sukha* dient als Basis, als Fundament für unsere ruhige Klarheit.

Ich merke, dass es mir nicht gelingt, in den ruhigen Zustand einzutreten und dann lächelnd darin zu verweilen!

Das liegt daran, dass die Reihenfolge umgekehrt ist. Wenn Sie lächeln, fällt es leichter, in den ruhigen Zustand einzutreten. Man könnte allerdings sagen, dass es einfach ist, aber nicht leicht. Nicht-Tun ist offensichtlich das Einfachste, was man sich vorstellen kann. Aber es fällt nicht leicht, weil wir daran gewöhnt sind, bei allem, was wir tun, Mühe aufzuwenden. Wenn wir uns bemühen, dann «tun» wir die Meditation. Indem wir versuchen, sie zu tun, legen wir uns selbst Steine in den Weg. In dieser Situation gibt es zwei Möglichkeiten, wie wir uns verhalten können: Eine ist, dass wir vertraute Techniken zu Hilfe nehmen. Sie können auf die zwei Bälle zurückgreifen oder auf die sich ausdehnende Blase oder auf den sich bewegenden Ball, oder Sie können auch den Atem oder ein externes Objekt nutzen. Alle diese Techniken sind ein wenig wie Kreise, die die freie Fläche des Nicht-Tuns umgeben. Die zweite Möglichkeit ist beinahe magisch. Mitten in jeder beliebigen Aktivität können wir ohne irgendein Objekt genau dieselbe ruhige Klarheit wiedererlangen; sie ist da, mittendrin! Sie ist jederzeit zugänglich. Verweilen Sie darin mit einem Lächeln.

Ich kann mich zwar physisch in einen ruhigen Zustand versetzen, aber mein Geist arbeitet fieberhaft weiter.

Ja, das passiert. Aber dann lächeln Sie einfach. Wir haben unser ganzes Leben in reflexiver Reaktivität zugebracht, und das nicht nur bei Tag. Nachts träumen wir lebhaft und turbulent. Manche Menschen reden im Traum oder wälzen sich unruhig herum. Es hört nie auf! Das ist eine sehr tief verwurzelte Gewohnheit. Ruhe zu entwickeln ist deshalb so, als würde man einen rasenden Zug anhalten: Man braucht dazu ein paar Kilometer Gleis. Man kann ihn nicht abrupt zum Stehen bringen. Also machen Sie sich keine Sorgen. Lächeln Sie einfach.

Lesen Sie erst weiter, wenn Sie die vorige Übung sieben Tage lang praktiziert haben!

KAPITEL NEUN

DER GANZE KÖRPER DES ATEMS

Durch unsere Reihe aufeinander aufbauender Meditationen haben wir uns über die vergangenen Wochen allmählich der Erfahrung angenähert, ruhig zu sein, ohne dabei ein Objekt oder eine Erfahrung zu Hilfe zu nehmen. Unser Bewusstsein braucht kein Objekt. Es kann sich seiner selbst bewusst sein. Es ist selbst-bewusst. Damit ist aber nicht gemeint, dass es sich seiner selbst übermäßig bewusst ist, wie es bei schüchternen oder sozial gehemmten Menschen der Fall ist. Es handelt sich vielmehr um ein Bewusstsein der Ruhe selbst. Wenn wir uns einmal auf diese Weise der Ruhe selbst bewusst sind, können wir uns wieder unserem Meditationsobjekt zuwenden, nun jedoch als ganzer Körper.

Dieser Begriff *ganzer Körper* ist erklärungsbedürftig. Denken wir zum Beispiel an den Geschmack von Schokolade. Wenn Sie jemandem begegnen, der noch nie Schokolade gegessen hat, können Sie nicht einfach fragen: «Magst du Schokolade?» Die Person würde erwidern: «Wovon redest du?» Man kann Schokolade jemandem, der sie nie probiert hat, nicht mit Worten beschreiben. Sie ist süß, aber nicht zuckrig. Sie schmilzt im Mund, aber anders als Butter. Ganz gleich, wie sehr Sie sich anstrengen, keine Beschreibung von Schokolade kann die Erfahrung ersetzen, sie zu schmecken. Wenn jemand nie Schokolade gekostet hat, müssen Sie demjenigen ein Stück Schokolade geben.

Diese Bezugnahme auf die tatsächliche Erfahrung von etwas könnte man als seinen «ganzen Körper» beschreiben. Es ist nicht bloß eine Idee oder ein Name. Natürlich können wir versuchen, darüber nachzudenken, aber das ist nur ein Gedanke. Und selbst wenn wir etwas wirklich schmecken, schaltet sich gleich die Instanz ein, die Bedeutungen zuschreibt, Narrative hervorbringt: «Ah, ich weiß, was das ist!» Dann versucht unser geistiger Apparat, es für uns durch Erinnerung und Erwartung zu reproduzieren, und das wiederum erzeugt ein Hindernis, denn wir wollen ja nicht die Reproduktion — wir wollen die Sache selbst. Also beginnen wir einen Tanz mit unserem eigenen kognitiven Prozess. Das ist ein wesentlicher Teil der Meditation, und es ist nicht etwa so, als ob unser kognitiver Prozess ein Feind wäre; er ist eher so etwas wie ein übereifriger Freund. Er bemüht sich wirklich, uns zu helfen. Wir müssen also ganz nett und höflich sein und beharrlich nach Wegen suchen, an ihm vorbeizukommen.

Betrachten wir an dieser Stelle noch einmal eine der einfachsten Meditationen, die wir geübt haben: *Shamata* in Form von Atembeobachtung in Woche drei. (Man nennt sie oft *Vipassana*-Meditation, aber in unserer Denkschule sind wir noch nicht bis zu *Vipassana* vorgedrungen.) Statt nur die Empfindung des ein- und ausströmenden Atems in der Nase oder im Torso zu beobachten, lassen Sie uns nun unsere Aufmerksamkeit ausweiten. In traditionellen Texten heißt das «den ganzen Körper des Atems betrachten». Das kann man so verstehen, dass es sich auf die gesamte Erfahrung des Atems bezieht, auf den ganzen Atemzyklus statt nur auf eine kleine Stelle an der Nase oder am Körper. Es bezieht sich auf alle Empfindungen, die im Körper auftreten, wenn wir einatmen, alle Empfindungen, die im Körper auftreten, wenn wir ausatmen — den ganzen Körper des Atems. Das wird das Gebiet unseres *Vicara*.

Diese Übung ist sehr wirkmächtig, weil sie die Flexibilität von *Vicara*, unserem Auskosten der Erfahrung, nimmt und sie mit unserem ruhigen Nicht-Tun kombiniert. Auf diese Weise können wir uns wieder mit unserer Erfahrung verbinden. Wir verweilen nicht länger in Ruhe und tun nichts. Wir befassen uns wieder mit unserer vollen Manifestation, dem ganzen Körper des Atems, mit ruhiger Klarheit, die frei von Erwartungen ist. Man könnte das Präsenz nennen; jedenfalls ist das eine Stelle, wo die meisten von uns eine falsche Richtung einschlagen. Sobald wir agieren, verlassen wir den ruhigen Zustand und begeben uns in eine Landkarte dessen, was wir tun, voll von Erwartungen und Appellen. Wenn wir aber diese Fähigkeit einmal erworben haben, gibt es keinen Unterschied mehr zwischen Meditieren und Nicht-Meditieren. Unsere ruhige Klarheit ist immer gegenwärtig.

Wenn wir uns auf unseren Atem einlassen, erkennen wir außerdem, dass er kein «Ding» ist, das wir betrachten könnten. Wir *sind* Atem. Er ist nicht von uns getrennt. Das ist die Wurzel der Verwirrung, an der wir alle leiden. Unsere Sprache erzeugt den Eindruck, es gebe zwei Dinge, wo in Wirklichkeit nur eins ist. Wenn wir zum Beispiel jemand anderen anschauen, sehen wir die betreffende Person und ihre Erfahrung nicht als voneinander getrennt. Wir sehen nur die Person. Es gibt da keine zwei Dinge. In unserer Verwirrung denken wir aber, hier, in uns, seien zwei Dinge, als seien unsere Erfahrung und unser Körper irgendwie getrennt. Wir müssen uns durch ruhige Klarheit daran erinnern, dass da in Wirklichkeit nur ein Ding ist. Da war schon immer nur ein Ding. Wir atmen, und wir lassen einfach unsere Aufmerksamkeit auf dem Körper des Atems ruhen. Wenn wir ausatmen, ist die Aufmerksamkeit dabei. Wenn wir einatmen, ist die Aufmerksamkeit dabei. Unser Atem und unsere Aufmerksamkeit sind zusammen.

Jede auftretende Erfahrung kann ein Objekt ruhiger Klarheit sein. Das ist eine sehr kreative Idee. Wir erkennen plötzlich, dass Meditation in der Form, mit der auftretenden Erfahrung zu gehen, jederzeit und überall stattfinden kann, mit jeder beliebigen Erfahrung. Die Notwendigkeit, ein bestimmtes Meditationsobjekt zu wählen, tritt immer mehr in den Hintergrund, wenn wir erst einmal erkennen, dass wir ständig von Meditationsobjekten umgeben sind.

Versuchen Sie deshalb, die ruhige Klarheit der Meditation mit offenen Sinnen zu erleben, statt alle Sinneskanäle bis auf einen zu schließen. Wenn Sie zu sehr abgelenkt werden, dann schließen Sie ruhig Ihre Sinneskanäle. Aber tun Sie es in dem Wissen, warum Sie es tun, warum Sie zum Beispiel Ihre Augen schließen. Sie vereinfachen damit den Bereich Ihrer Sinneswahrnehmung. Es gibt keinen magischen Grund, die Augen zu schließen. Wenn jemand einmal mit auftretender Erfahrung vertraut geworden ist, könnten Sie der betreffenden Person nicht mehr ansehen, ob sie gerade meditiert oder nicht. Menschen, die so meditieren, gehen mit ihrer eigenen Erfahrung. Das wird eine wichtige Grundlage sein, von der aus wir unsere Erfahrung klar sehen können.

ÜBUNG
Dem Atem folgen

Wir werden nun den Empfindungen des Atmens folgen. Um in unserer ruhigen Klarheit präsent zu sein, werden wir unsere Klarheit auf den ganzen Körper des Atems richten und darauf ruhen lassen. Wir «betrachten» unsere Atmung nicht — es gibt schlichtweg kein Hindernis; Klarheit ist einfach klar. Klarheit ist eine Abwesenheit von Hindernissen. Und in diesem Zustand wird unser Atem in unseren Körper strömen, wenn wir einatmen, und dann wird er unseren Körper verlassen, wenn wir ausatmen. Wir können uns der kleinen Empfindungen bewusst sein, die dabei auftreten. Dieses *Vicara* unseres eigenen gleichmäßigen Atemprozesses ist eine großartige Erfahrung, nicht nur weil es für sich genommen interessant ist, sondern auch weil es der Beginn einer großen Weite ist, in der Erfahrung in der Ruhe selbst stattfindet.

Der Erfahrung innewohnen

Beim ganzen Körper des Atems zu verweilen, ist eine Einladung zur Verkörperung. Wir sprechen von «unserem» Körper, als sei er ein Ding in einer Welt der Dinge, aber in Wahrheit *ist* unsere Verkörperung die Welt der Dinge. Es gibt nichts anderes in unserer Erfahrung. Auf diese Weise der Erfahrung innezuwohnen, ist nur möglich, wenn wir unsere Reaktivität reduziert haben, denn Reaktivität bringt uns immer dazu, Abstand zu schaffen, uns von dem, was geschieht, zu trennen. Reaktivität entkörpert uns, als seien wir Schauspieler, irgendwie abgetrennt von dem, was geschieht. Indem wir den ganzen Körper des Atems beobachten, üben wir uns darin, wieder in unsere Erfahrung hineinzugehen, wieder eins zu werden, und wir nutzen dazu unsere essenzielle Grundfunktion, den Atem selbst. Bleiben Sie drei Minuten lang beim Atem. Wenn Sie noch zu anderen Zeiten im Tagesverlauf daran denken, es zu tun, großartig!

Fragen und Anmerkungen

Wenn man Gedanken wahrnimmt, die durch den Geist ziehen, lässt man das dann einfach geschehen, oder setzt man einen aktiven Prozess ein wie den, sich auf einen Gedanken zu konzentrieren und ihn loszulassen?

Tatsächlich sind beide genannten Alternativen eine Form des Tuns. Statt irgendein Gegenmittel einzusetzen, gehen Sie mit dem

Gedanken und tun Sie gar nichts. Sie werden feststellen, dass dem Gedanken bald die Puste ausgeht. Die Idee ist zuzulassen, dass der Gedanke sich manifestiert, und Ihre ruhige Klarheit bleibt bei ihm. Sie sind einfach nur da; schließlich ist der Gedanke auch Sie. Und er endet, und wenig später fängt ein anderer an. Wenn das zu nebulös ist, können Sie einfach dazu zurückkehren, den ganzen Körper des Atems zu beobachten.

Diese Techniken sind ein wenig so, als wollten Sie lernen, Fahrrad zu fahren. Wir entwickeln eine Fertigkeit des Nicht-Tuns. Unsere normale Daseinsweise gründet sich auf einem, der tut, und einem Ding, das getan wird. Aber die Basis von *Shamata*, die wir entwickeln, besteht darin, das Tun hinter sich zu lassen. Handelnder und Handlung sind Teil einer Landkarte, die wir haben und mit deren Hilfe wir versuchen, uns in der Welt zurechtzufinden. Doch das Territorium, auf das wir uns begeben wollen, kennt keinen Handelnden und keine Handlung. Diese gibt es nur in der Landkarte. Den Handelnden und die Handlung hinter sich zu lassen, heißt, allmählich einen Einstieg in die direkte Erfahrung selbst zu finden, Erfahrungen ohne Landkarte zu machen, ohne zu sagen «Ich muss dies oder jenes tun.» Wie beim Fahrradfahren lernen wir, was unmöglich erscheint, nämlich eine Sache zu tun, nicht zwei. Wenn wir auf einem Fahrrad sitzen, das stillsteht, wackeln wir hin und her, wir müssen ständig unser Gewicht zur einen oder anderen Seite verlagern, um nicht umzukippen. Aber wenn das Fahrrad rollt, treten wir plötzlich in einen Zustand ein, in dem alles stabil ist, scheinbar völlig mühelos.

Ist es möglich, dem Atem zu folgen und gleichzeitig die Gedanken zu beobachten? Sagen wir, indem ich 30 Prozent meiner Aufmerksamkeit auf die Gedanken richte und 70 Prozent auf den Atem?

Ja, vielleicht. Aber das wäre ein bisschen so, als würden Sie einen

Mohnkuchen machen statt eines Hefezopfs! Es ist einfach eine andere Art Gebäck. Wenn Sie einem Gedanken folgen, geht er in die Stille, und dann kommt ein neuer Gedanke. Die Hauptsache ist, nicht zu verharren. Also seien Sie sich der Möglichkeit bewusst, dass Ihre Rückkehr zum Atem eine Form des Verharrens sein könnte, wobei Sie einen Ort erschaffen, von wo aus Sie Ihren Atem beobachten. Von dieser Warte aus könnten Sie Gedanken wahrnehmen. Aber unsere ruhige Klarheit, unser Denken und unser Atem sind nicht in dieser Weise voneinander getrennt; sie sind eins.

Ich kann dem Atem folgen, indem ich ihn beobachte, und ich kann dem Atem folgen, indem ich der Atem bin.

Genau. Ich stimme Ihnen zu. Arbeiten Sie in diesem Modus weiter. Wenn Sie so meditieren, kehren Sie zur Erfahrung des Atems selbst zurück und nicht zum Atem als Objekt der Erfahrung.

Ich verstehe Sie so, dass sowohl unsere Gedanken als auch unser Atem wir sind. Das hilft mir, keinen Widerstand aufzubauen und den Gedanken nicht von mir zu schieben. Ich habe gelernt, ihn zu beobachten. Er ist ein Teil von mir. Gedanken sind nur Energie.

Ja, dem stimme ich zu. Ich möchte nur eine Bemerkung zu dem Wort *beobachten* machen. Beobachten impliziert einen Beobachter und ein Beobachtetes.

Gibt es eine spezielle Atemtechnik, die wir hier anwenden sollten?

Sie können durch den Mund atmen oder durch die Nase. Ich ziehe es vor, durch Mund und Nase zugleich zu atmen, aber Sie brauchen das nicht zu tun. Und lächeln Sie dieses subtile Lächeln, über das wir vorige Woche gesprochen haben. Dies hier ist im Grunde das Gegenteil vom Lernen einer speziellen Fertigkeit. Wir entdecken, was wir bereits haben.

Ist es möglich, etwas Aktives zu tun, etwa spazieren zu gehen oder zu wandern, während man im Inneren den ruhigen Zustand aufrechterhält?

Ja, natürlich. Leistungssportler lernen sogar, selbst unter höchstem Druck ruhig zu bleiben. Große Künstler, etwa Sänger oder Schauspieler, wohnen auf ähnliche Weise ihrer Kunst inne. Es ist eine Fähigkeit, die wir in vielen Aktivitäten sehen, ohne zu realisieren, dass sie ganz allgemein für alle Aspekte unseres Lebens relevant ist.

Lesen Sie erst weiter, wenn Sie
die vorige Übung sieben Tage lang
praktiziert haben!

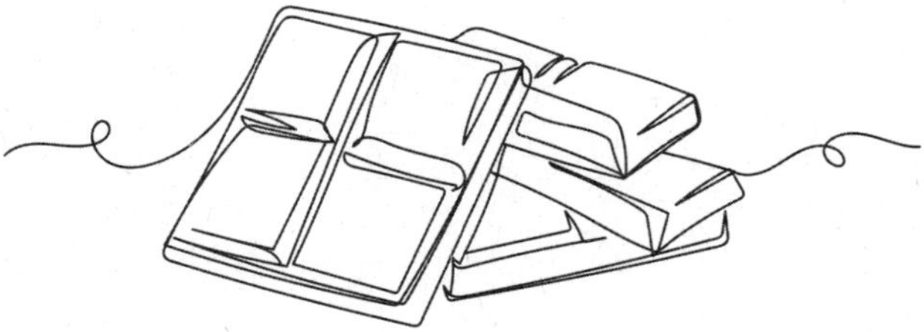

KAPITEL ZEHN

DAS DENKEN BEHERRSCHEN

Einer der wichtigsten Aspekte beim Meditieren ist das Denken. Gedanken kommen in zwei Sorten daher: Manche Gedanken erscheinen zunächst eher zufällig, doch wenn sie vertrauter werden, erkennen wir, dass sie von der einen oder anderen Empfindung ausgelöst wurden. Unser geistiger Apparat nimmt Eindrücke auf, bewertet sie aufgrund früherer Erfahrungen und gibt dann Feedback. Aber da ist auch noch die zweite Sorte: die ausufernden Gedanken. Das sind sekundäre Gedanken, die aus Assoziationen entstehen, in Gang gesetzt durch Gedanken der ersten Kategorie, die durch Eindrücke über die Sinneskanäle hervorgerufen werden. Eine häufige Form ist der Gedanke «Ja, dagegen muss ich etwas unternehmen!» Zum Beispiel sitzen Sie vielleicht meditierend da und spüren plötzlich einen kalten Luftzug am Hals. Diese Empfindung kann dazu führen, dass Gedanken auftreten und immer neue Gedanken hervorbringen, etwa: «Ich muss mir ein Halstuch besorgen, damit ich nicht friere. Ich kann gar nicht erwarten, dass wieder Sommer wird! Und ich muss etwas gegen die Zugluft unternehmen. Vielleicht sollten wir neue Fenster einbauen lassen. Ich frage mich, ob der Preis in nächster Zeit sinken wird …» Normalerweise strömen solche wuchernden Gedanken ständig in immenser Menge auf uns ein. Das macht es so schwer, Klarheit in unsere Erfahrung zu bringen. Unsere Erfahrung ist voller konditionierter Reaktionen, die Auslöser für weitere Gedanken sind. Nicht genug damit, dass auftretende Erfahrung für sich bereits facettenreich ist, sie wird dann auch noch durch Assoziationen hundertfach vervielfältigt.

Wenn wir meditieren, nehmen wir die Gedanken immer deutlicher wahr. Aber das Denken selbst ist nicht unser Feind. Unser geistiger Apparat tut eben seine Arbeit, und dazu gehören Gedanken — sie sind nichts Fremdes, sondern Teil unserer Erfahrung, wie auch der Atem Teil unserer Erfahrung ist. Es sind einfach unterschiedliche Kanäle. Das Denken verhindern zu wollen, wäre ebenso sinnlos, wie wenn wir aufhören wollten zu atmen.

Wenn Sie die Gedanken sich selbst überlassen, steigen sie auf und verblassen ganz von selbst wieder. Sie sind nicht von immenser Wichtigkeit. Was Gedanken störend macht, ist das Wuchern, das von aufsteigenden Gedanken ausgelöst wird. Diese starke Vermehrung von Gedanken ist eins der größten Hindernisse, denen wir bei der Meditation begegnen. Wuchernde Gedanken entführen uns in unterschiedliche Richtungen. Nach einem kleinen Ausflug kehren wir von selbst zu dem zurück, was wir taten, bevor die Gedanken uns mitgerissen haben. Normalerweise nehmen wir das nicht bewusst wahr, aber der ruhige Zustand begleitet uns die ganze Zeit; wir wissen es nur nicht, weil unser Denken uns gewohnheitsmäßig immer wieder von ihm wegführt in die Welt der Orte, die wir aufsuchen wollen, und der Aufgaben, die wir zu bewältigen haben, und all der kräftezehrenden Bewertungen und Urteile in Begriffen von Gut und Schlecht, Versagen und Erfolg, Gewinn und Verlust.

All dieser Lärm, dieses Wuchern von Gedanken und Ideen, wirkt überwältigend, aber darunter liegt immer der ruhige Zustand. Somit ist der ruhige Zustand eigentlich überhaupt nichts Besonderes. Er ist im Gegenteil völlig gewöhnlich. Er ist das Gewöhnlichste, was wir haben. Er ist so gewöhnlich, dass er selbst gar keine Erfahrung ist. Das ist eine wertvolle Erkenntnis. Wichtige Erfahrungen heben sich vom Rest unseres Lebens ab; wir sagen: «Ach, das war wirklich ein bemerkenswertes Erlebnis!» In mancher Hinsicht versuchen Menschen, die im ruhigen Zustand verharren wollen, den ruhigen Zustand zu einer solchen Erfahrung zu machen — einem Ort, wo etwas Bedeutendes geschehen wird. Das ist eine äußerst verlockende Vorstellung. Aber der ruhige Zustand hat gar keine speziellen Eigenschaften. Er ruht mit einem Lächeln. Gerade seine Gewöhnlichkeit macht seine außergewöhnliche Kraft aus. Wie die Luft, die alles umgibt, ist der ruhige Zustand buchstäblich allgegenwärtig. Der ruhige Zustand ist in all unserer Erfahrung präsent, aber weil er so gewöhnlich ist, nehmen wir ihn gar nicht wahr. Wir suchen nach dem Außergewöhnlichen, dem besonderen Ereignis, dem beeindruckenden Ding, und so übersehen wir den ruhigen Zustand völlig.

Auf unserer nunmehr neunwöchigen Reise haben wir uns allmählich einer Erkenntnis angenähert. Sie lautet: Dieser Zustand, den wir da «entwickeln», ist in Wirklichkeit bereits vorhanden! Nur bringen wir unser ganzes Leben damit zu, aus ihm herauszutreten. Das Nicht-Tun, die Essenz einer erfolgreichen *Shamata*-Übung, ist im ruhigen Zustand von vornherein gegenwärtig. Es ist immer da als Ausgangsbasis der Erkenntnis, der Nullpunkt unseres kognitiven Prozesses.

Deshalb ist der ruhige Zustand ganz und gar verlässlich. Selbst wenn Sie alles andere wegnehmen könnten, wäre er immer noch da. Wir können ihn verlassen, aber er verlässt uns nie. Wann immer wir in Panik geraten oder in Verzückung oder in Begeisterung oder in irgendeinen anderen Zustand, steht dieser Zustand immer auf der Basis des darunterliegenden Zustands der Ruhe, der stets gegenwärtig ist. Und Meditation ist in mancherlei Hinsicht das: die Fähigkeit, in diesen ruhigen Zustand hineinzugehen. Nicht, ihn zu erschaffen oder zu erzeugen. Man könnte sagen, ihn zu «entdecken», aber da wir ihn bereits haben, ist es eher so, dass wir uns auf ihn besinnen, wieder mit ihm in Kontakt treten, etwas, das verschüttet war, wieder zugänglich machen.

Wie können wir nun mit dieser Erkenntnis arbeiten? Es gibt einige einfache Techniken, die es uns ermöglichen, die Herrschaft über das Denken zu erlangen. Die Technik dieser Woche ist eine davon.

ÜBUNG
Bewusst denken

Eins der wesentlichen Merkmale der Meditation ist, dass Gedanken auftauchen, wenn auch nur kurz. Die meisten Menschen finden das ausgesprochen irritierend und wollen das Denken ganz abschalten. Aber diese Absicht ist für sich genommen schon wieder ein Gedanke! Es ist wie beim Umgang mit den *Nivarana*, jenen Hindernissen, mit denen wir uns in den ersten Wochen dieser Reise beschäftigt haben: Ein besserer Ansatz ist zu lernen, bewusst mit den Gedanken zu gehen, denn dann können wir Kontrolle über diesen Bereich unserer Erfahrung erlangen, der zuvor unserem Einfluss völlig entzogen schien.

Die Technik ist einfach. Als Übung für diese Woche bringen wir anderthalb Minuten damit zu, bewusst zu denken. Statt uns von Gedanken irritieren zu lassen, nehmen wir sie in Besitz und denken ganz bewusst. Wir arbeiten richtig daran zu denken, zunächst indem wir alles benennen, was wir erfahren, und dann indem wir die wuchernden Assoziationen, die von diesen Benennungen ausgehen, noch anregen. Angenommen, in unserem Kopf taucht ein mentales Bild auf — dann benennen wir erst den Inhalt, und anschließend greifen wir auf unser Gedächtnis und unser Urteilsvermögen zurück, um einen Kommentar dazu abzugeben. Das kann man mit Eindrücken aus allen Kanälen tun, auch aus dem geistigen Kanal selbst. Denken Sie einfach ganz bewusst, diskursiv, mit echter Intensität.

Bevor Sie anfangen, stellen Sie sich einen Timer auf neunzig Sekunden, und in dieser Zeit widmen Sie sich vollauf dem Denken. Lassen Sie Ihren Geist den ersten Gedanken verfolgen, der auftaucht, und lassen Sie diesen Gedanken dann wuchern und sich vermehren. Zählen Sie Dinge oder beschreiben Sie sie, verbalisieren Sie Ihre Gedanken in Form eines inneren Kommentars. Wenn Sie wollen, zählen Sie Ihre Atemzüge oder benennen Sie Geräusche, die Sie hören, oder andere Sinneseindrücke, die Sie empfinden. Es fühlt sich etwas ungewohnt an und ist tatsächlich ziemlich ermüdend, aber bleiben Sie dran.

Wenn der Timer das Signal gibt, starten wir ihn erneut für neunzig Sekunden, und in diesem zweiten Intervall halten wir inne. Je angestrengter wir in den ersten neunzig Sekunden denken, umso leichter fällt es, im zweiten Abschnitt damit aufzuhören. Wir machen uns von allen Gedanken frei und halten inne.

In diesem gedankenfreien Zustand bemerken wir etwas. Das Bewusstsein setzt nicht aus, auch wenn das Denken es tut. Natürlich ist jeder Kommentar, der jetzt vielleicht auftaucht — etwa «Wow, ich denke gar nichts!» —, selbst schon wieder ein Gedanke! Aber wir können — anfangs nur für kurze Momente, dann jedoch mit der Zeit immer eine Sekunde länger — einfach in gedankenfreiem Bewusstsein verweilen.

Wenn Sie möchten, können Sie die Übung noch einmal für zwei Neunzig-Sekunden-Intervalle wiederholen, ruhig auch so viele weitere Male, wie Sie wollen.

Sitzen in Stille

Dies ist ein sehr einfacher Meditationstrick. Ganz und gar praktisch. Stellen Sie einen Timer und denken Sie neunzig Sekunden lang ganz bewusst. Denken Sie über Dinge nach oder benennen und beschreiben Sie sie. Tauchen Sie auf diese Weise ganz in einen Kommentar ein. Strengen Sie sich an, fortwährend zu denken, auch wenn Sie beim Meditieren normalerweise damit aufhören wollen. Und dann lassen Sie alle Gedanken los. Verweilen Sie einfach in Stille.

Diese Technik ermöglicht uns, zuerst ganz beim Denken zu sein und es dann einzustellen. Auf diese Weise wird der Kontrast zwischen Denken und Nicht-Denken deutlich. Und indem wir das üben, bekommen wir einen Geschmack von gedankenfreiem Bewusstsein. Wenn Sie verkrampfte Schultern entspannen wollen, was tun Sie? Sie spannen Ihre Schultern an und lassen dann locker. Das ist genau dasselbe Prinzip. Wir denken bewusst — denk, denk, denk, denk, denk — und lassen dann los. Je angestrengter wir denken, umso vollständiger wird das Loslassen gelingen.

So zu meditieren, auch wenn es nur für einen Moment ist, kann uns einen kurzen Blick auf die Stabilität ermöglichen, die allen Aspekten unserer Erfahrung unterliegt, die Stabilität, die immer da ist. Sie wird mitunter auch «der Boden» genannt. Sie ist im Denken da und bleibt auch da, wenn wir aufhören zu denken. Die Übung, bewusst zu denken und dann aufzuhören, dient nur dazu, sie sichtbarer zu machen. Oft erhaschen wir nur einen flüchtigen Blick darauf, weil wir sie sofort in eine Vorstellung verwandeln und so wieder anfangen zu denken. Aber indem wir uns des gedankenfreien Bewusstseins selbst bewusst werden, werfen wir einen kurzen Blick auf einen Boden, der vom Gewebe unserer Gedanken immer wieder verdeckt wird — jener narrativen Landkarte voller Namen und Ideen, von der wir schon öfter gesprochen haben.

Bei der Meditation ist ein wesentliches Ziel, stetig in einem Geist zu verweilen, der frei von reflexiver Reaktivität ist und von dem konzeptuellen Denken, das aus ihr entspringt und wuchert. Ein solcher Geist wird nicht Moment für Moment durch die Subjekt-Objekt-Weltkarte verschleiert, die wir uns konstruieren. Man könnte sagen, das Ziel ist, zu unserer natürlichen Intelligenz zu finden, die frei von all den Verweisen und Widerklängen ist, die wir sonst mit uns herumtragen. Bewusst zu denken, mag uns etwas seltsam vorkommen, aber wenn wir es tun und dann damit aufhören, selbst wenn es nur für einen Augenblick ist, erleben wir kurz eine Klarheit, in der wir beinahe fühlen können, wie unsere Gedanken sich regen.

Unser sensorischer Apparat produziert ständig Eindrücke, und diese veranlassen uns zu Reaktionen. Aber bevor die Reaktionen auftreten, ist da etwas anderes. Sich dessen bewusst zu werden, ist ein Schlüssel zur Meditation. Versuchen Sie nicht, es zu kontrollieren, es auszudehnen oder zu analysieren. In sich ist diese Stille unendlich weit, allgegenwärtig und klar. Wir begehen den Fehler, dass wir versuchen, sie als Erfahrung einzufangen, sie in eine kleine gedankliche Schublade zu zwängen, sie zu erkennen, zu verstehen und dann darin zu verharren, als seien wir Beobachter des Ganzen. Ein solcher Versuch wird echtem Fortschritt immer im Weg stehen, denn diese gedankenfreie Stille ist ständig gegenwärtig, auch wenn Gedanken auftreten. Das zu erkennen, ist ein Schlüssel zu erfolgreicher Meditation.

Diese Übung ist ein Schritt hin zu dem, was wir *Vipassana* nennen könnten, klares Sehen. *Vipassana* setzt *Shamata* voraus, aber die richtige Art von *Shamata*. Hier treten wir in *Shamata* ein, indem wir bewusst denken und alles, was wir fühlen oder hören, benennen und analysieren. Nennen Sie es, zählen Sie es, denken Sie über es nach. Und in den nächsten neunzig Sekunden lassen Sie dann das Benennen sein. Verweilen Sie einen Moment dort.

Natürlich werden bald Gedanken aufsteigen. Für einen Moment können Sie spüren, wie sie an Ihnen zerren, Sie dazu bringen wollen, sich auf das Wuchern der Gedanken einzulassen. Stattdessen bleiben Sie weiter dort, frei von Gedanken.

Fragen und Anmerkungen

Wenn ich anfange, etwas zu benennen, ist da ein Bewusstsein, dass ich das tue. Aber wenn ich in der zweiten Hälfte der Übung aufhöre zu benennen, dann ist dieses Nicht-Denken und Nicht-Benennen wesentlich neutraler. Da habe ich kein Gefühl von «Ich».

Dafür gibt es eine große Erklärung: Es hat alles mit dem Konstruieren von Welt zu tun, damit, wie wir Erfahrung konstruieren, wie wir die Welt erzeugen. Wir haben bereits vorher über Zuschreibungen gesprochen, über das Etikettieren und Benennen und wie wir auf diese Weise Elemente unserer Erfahrung identifizieren. Aber es gibt noch ein anderes Element unserer Erfahrung, das ebenfalls benannt ist: «Ich». Wenn es keine Namen gibt, gibt es auch keinen Benenner. Kein «Ich», kein «Mein». Die Frage ist also: «Wenn es kein Ich gibt, wie handele ich?»

Erstaunlicherweise findet sich die Antwort auf diese Frage überall um uns herum. Wenn wir eine wahrhaft herausragende Leistung sehen, sei es in der Musik, in der Kunst oder im Sport, dann hat der Musiker, Künstler oder Sportler sein «Ich»-Gefühl überwunden. Denken Sie an einen Konzertpianisten inmitten eines großartigen Auftritts. Der Pianist ist völlig im Geist des Vortrags, er geht darin auf. Dasselbe gilt für herausragende Sportler oder andere, deren Spitzenleistungen wir erleben. Da gibt es kein «Ich».

Ich muss sagen, es war wirklich sehr anstrengend, das Denken ständig in Gang halten zu wollen. Und ich wüsste gern, ob Sie weitere Lektüre zu diesem Thema empfehlen können.

Ja, nicht wahr, es ist schwer, so bewusst zu denken. Normalerweise wuchern unsere Gedanken unwillkürlich ohne unser Zutun, aber wenn wir in bewusster Absicht denken, ist es viel anstrengender! Das Problem bei Lektüre zu solchen Themen ist, dass wir aus Büchern Ideen ansammeln, die wir stets durch die Linse unserer früheren Erfahrung betrachten. Wie sonst könnten wir wissen, was die Wörter bedeuten, wenn nicht durch das, was eine vorangegangene Erfahrung uns über ihre Bedeutung sagt? Hier ist jedoch etwas anderes gefragt. In der Meditation müssen wir die Tür zur Erfahrung selbst öffnen. Wörter sind keine Erfahrungen; sie sind Etiketten, die auf Erfahrungen verweisen. Wenn wir aber diese Erfahrungen noch nicht selbst gemacht haben, können die Wörter nicht nur unnütz, sondern sogar kontraproduktiv sein, denn sie haben dann keinen Bezug — statt auf eine echte Erfahrung zu verweisen, fordern sie uns auf, uns vorzustellen, worauf sie sich beziehen könnten. Um noch einmal auf unser Schokoladen-Beispiel zurückzugreifen: Das wäre, als würde man allein aufgrund von angelesenem Wissen behaupten, Experte für unterschiedliche Schokoladensorten zu sein, ohne dass man jemals Schokolade gekostet hat! Was wir hier liefern wollen, ist eine ganz simple, nicht technische Anleitung, die dazu ermutigen soll, sich auf die direkte Erfahrung einzulassen. Wenn wir die Erfahrung erst einmal gemacht haben, werden die Wörter uns nicht mehr in die Irre führen, weil sie sich dann auf etwas beziehen, das wir tatsächlich kennen.

Weil Erfahrung so wichtig ist, wurde oft gesagt, der ideale Schüler der Meditation sei ohne Erwartungen — so, als hätten diese Menschen keinerlei Erziehung und Bildung durchlaufen. Dabei wäre es in unserer heutigen Kultur sogar illegal, Kinder ohne Bildung aufwachsen zu lassen. Wir haben also keinen Zugang zu dieser Art kognitiver Naivität, deshalb müssen wir schlau sein und unsere Bildung geschickt dazu nutzen, direkte Erfahrung zu sammeln. Darum sind diese «Kontrast-Meditation», in der wir erst denken und dann nicht denken, sowie andere, ähnliche Meditationen so wertvoll. Sie erlauben uns, Zustände unmittelbar zu erleben, die normalerweise durch unsere allgegenwärtige Reaktivität überdeckt werden.

Lesen Sie erst weiter, wenn Sie
die vorige Übung sieben Tage lang
praktiziert haben!

KAPITEL ELF

DAS EINMALEINS DES VIPASSANA

Letzte Woche haben wir davon gesprochen, wie Gedanken uns stören können. Wenn Gedanken Sie in Ihrer Meditation stören, können Sie die Kontrolle über sie erlangen, indem Sie ganz bewusst denken. Wir sind nicht gewohnt, in bewusster Absicht zu denken, denn normalerweise passieren die Gedanken uns einfach. Das liegt daran, dass wir nicht wahrnehmen, wenn Gedanken auftauchen — wir nehmen nur das Wuchern der Gedanken wahr, das passiert, wenn das Denken einmal in Gang gekommen ist. Deshalb nehmen wir normalerweise an, Gedanken seien ein Problem und wir sollten sie abschalten. Das ist jedoch eine beschränkte Sichtweise. Es ist nützlicher zu sehen, dass Gedanken kein Problem sind — sie sind bloß ein Merkmal unserer geistigen Aktivität. Das eigentliche Problem ist unsere Reaktion auf sie. Aber wenn wir einmal den Gedanken einen Schritt voraus sind, indem wir ganz bewusst denken, können wir mit unseren Reaktionen arbeiten.

Wenn wir aufhören zu denken, finden wir uns selbst in einem Zustand der Ruhe wieder. Anfangs können wir diesen Zustand vielleicht nur herbeiführen, indem wir angestrengt denken und dann aufhören. Aber wenn wir damit vertraut werden, gelingt es uns mit der Zeit immer besser, uns willentlich in einen Zustand gedankenfreier Bewusstheit zu versetzen. Und wenn wir erst auf den Geschmack gekommen sind, können wir mit der nötigen Aufmerksamkeit diese Ruhe auch finden, während wir denken. Es ist nicht so, als würden Gedanken einen Zustand gedankenfreier

Ruhe verdrängen und an seine Stelle treten. Vielmehr führen unsere Gedanken uns von solchen Zuständen der Ruhe weg. Man könnte sagen, dass Gedanken den ruhigen Zustand verdecken, wie Wolken die Sonne verdunkeln — dass unsere leuchtende Klarheit durch das endlose Wuchern der Gedanken verdeckt wird.

Da Gedanken in unablässiger Folge aufsteigen und wieder untergehen, stört uns nicht so sehr das Aufsteigen der Gedanken, sondern eher unsere Reaktionen auf sie. Ebenso wie die Eindrücke, die an allen anderen Kanälen auftreten, ruft auch unsere reflexive Reaktivität Anziehung, Abneigung, Irritationen, Verpflichtungen und Kommentare hervor, die unsere natürliche Klarheit trüben. Indem wir unser *Shamata* entwickeln, indem wir lernen, unser Glas mit trübem Wasser abzustellen und unsere reflexive Reaktivität zu überwinden, setzt sich diese Trübung langsam von selbst. Dann können wir anfangen, *Vipassana* zu erleben; dann können wir anfangen, klar zu sehen.

Zu den wichtigsten Elementen unserer Erfahrung im klaren Sehen zählen die Gedanken selbst. Schließlich sind die Gedanken das dominanteste Element unseres geistigen Kontinuums, doch anders als die Eindrücke durch unsere anderen Kanäle — das Sehen, Hören, Riechen, Schmecken, Tasten — entstehen sie in uns, scheinbar aus dem Nichts. Aber woher kommen sie eigentlich? Sie müssen ja irgendeinen Ursprung haben. Schließlich sind sie nicht starr — sie steigen auf und fallen wie Wellen im Meer. Und wohin gehen sie? Sie bleiben nicht für immer bei uns. Sie verschwinden wieder. Wir vergessen ständig Dinge. Gedanken kommen, Gedanken gehen. Während wir mitten in einem Gedanken sind, kann er uns völlig in Anspruch nehmen. Aber dann ist er vergangen — einfach weg. Das ist ein etwas rätselhaftes Phänomen. Gedanken sind ein wenig wie eigenwillige Hausgäste. Sie kommen dauernd unangekündigt in unser Haus, nehmen es in Beschlag, und dann sind sie auf einmal wieder auf und davon.

Der Frage nachzugehen, woher Gedanken kommen und wohin sie gehen, ist sozusagen das Einmaleins des *Vipassana*. Aber es ist nur möglich, wenn die Fragestellung selbst nicht konzeptionell ist. Diese Aussage mag seltsam erscheinen. Können wir nicht einfach «nach innen schauen» und eine Antwort auf dieses Rätsel finden? Wie in den vergangenen zehn Wochen klar geworden sein sollte, ist ein solcher Akt des Schauens selbst schon wieder ein Gedanke. Wir können nicht einfach einen Gedanken dazu benutzen, einen Gedanken zu fragen, woher die Gedanken kommen! Im frühen 20. Jahrhundert gab es eine Schule des Introspektionismus, inspiriert durch die Arbeit von William James, die das versuchte und gründlich scheiterte. Wenn wir auf diese Weise versuchen hinzuschauen, bringen wir unsere vorgefassten Ansichten mit, und das führt zu nichts. Aber hier kann unsere Basis des *Shamata* uns helfen. Man könnte sogar sagen, zu verstehen, woher Gedanken kommen und wohin sie gehen, ist ein anschauliches Beispiel dafür, warum eine Basis ruhiger Klarheit nötig ist, um uns selbst und unsere Reaktion auf Ereignisse zu verstehen.

Wenn wir nun der Frage nachgehen wollen, woher Gedanken kommen und wohin sie gehen, besteht unser erster Schritt darin, ruhig und klar zu sein. In einem solchen Zustand — dem Zustand, mit dem wir uns im Laufe der vergangenen Wochen zunehmend vertraut gemacht haben — werden immerfort neue Gedanken aufsteigen. Aber wenn ein Gedanke kommt, beobachten wir einfach seinen Anfang mit der impliziten Fragestellung: «Woher ist dieser Gedanke gekommen?» Es ist keine Frage, die wirklich gestellt wird; es ist eher eine forschende Haltung. Ein wenig wie ein Künstler, der eine Szene betrachtet, um etwas davon auf einer Leinwand festzuhalten, suchen wir *Einsicht* in die Frage anstatt einer simplen Ja-/Nein-Antwort. Aus ebendiesem Grund wird *Vipassana* auch manchmal «Einsichtsmeditation» genannt. *Vipassana* zu üben, heißt dann, unsere Absicht, unsere klare Entschlossenheit einzusetzen, während wir in einem Zustand der Ruhe verweilen.

Wenn ein Gedanke aufsteigt, können wir erkennen, dass er entstanden ist, und empfinden unmittelbar einen Drang, darauf zu reagieren — in das einzutauchen, was er «bedeutet». Unser Impuls zum Eintauchen löst dann das Wuchern aus, die Verschleierung, die uns von ruhiger Klarheit wegführt und störend und anstrengend wird. Aber was geschieht, wenn wir keine Beziehung mit dem aufsteigenden Gedanken eingehen; was geschieht, wenn wir nicht auf ihn reagieren? Wir sind immer noch da! Wir müssen uns nicht in eine Reaktion hineinziehen lassen wie «Ich bin mir dieses Gedankens bewusst». Wenn wir die Idee haben, dass wir uns der Gedanken bewusst sind, stecken wir bereits wieder in einem drin! Wir haben uns darauf eingelassen, sind zum «Betrachter» geworden. Hier beginnen wir, einen tiefgründigen Nutzen von *Vipassana*, klarem Sehen, zu erkennen. Das Narrativ, in dem wir leben, zieht uns fortwährend in sich hinein. Es dreht sich immer um sich selbst. Gedanken steigen auf, und es ist fast, als hätten sie Widerhaken, wie Klettband. Unsere innere Erzählung wartet nur darauf, sich an diesen Haken zu verfangen, Assoziationen hervorzubringen, uns hineinzuziehen. So werden wir gefesselt, verstrickt, hineingeknüpft in das Narrativ, was immer unser Narrativ sein mag. Ein «spiritueller Mensch» zu sein, ist kein Schutz! Aber für drei Minuten können wir einen Weg finden, uns nicht verstricken zu lassen. Wenn wir frei von Verstrickungen bleiben, können wir den ganzen Prozess sehen; und wenn wir *Vipassana* darauf haben, klare Sicht, dann werden wir von vornherein nicht in das Narrativ hineingeraten, und Gedanken werden aufsteigen und ganz von selbst wieder vergehen.

Und wie enden Gedanken nun? Auch das ist eine wertvolle Erkenntnis. Gedanken kommen und gehen, aber ihr Gehen nehmen wir oft gar nicht wahr, weil sie eine Wucherung anderer Gedanken ausgelöst haben, sodass das Ende des ersten Gedankens im Auftreten all der anderen Gedanken untergeht, die er nach sich zieht. Das erzeugt den Anschein, Gedanken seien kontinuierlich, eine Art mächtiger Feind, den wir besiegen müssen, um uns von ihm zu befreien. Aber in ruhiger Klarheit, wenn der erste Gedanke gesehen wird, ohne dass das Wuchern weiterer Gedanken einsetzt, wird auch sein Ende erkennbar. Es ist allerdings ein wenig so, als würde man fragen, wo Nebel endet oder eine Wolke: Es ist mehr ein Verblassen, ein allmähliches Sich-Auflösen, kein klarer Endpunkt. Was der ganzen Erfahrung von Gedanken Substanz verleiht, ist das Wuchern und Fortpflanzen von einem Gedanken zum nächsten in einem sich immer weiter ausbreitenden Geflecht. Wenn wir unsere reflexive Reaktivität einmal verstanden, wenn wir zu unserer Basis ruhiger Klarheit gefunden haben, steigen einzelne Gedanken auf und ziehen vorbei wie Vögel, die über einen leeren Himmel fliegen.

ÜBUNG
Woher kommen die Gedanken, und wohin gehen sie?

Diese Woche verweilen Sie während Ihrer drei Minuten in ruhiger Klarheit, ob Sie diese nun durch den Wechsel von Denken zu Nicht-Denken erreichen oder indem Sie lächelnd dasitzen oder durch irgendeine der vorangegangenen Übungen. Gedanken steigen auf. Verweilen Sie einfach in Ruhe mit den Fragen: «Woher kommen sie?» und «Kommen sie überhaupt irgendwoher?» Normalerweise nehmen wir den Beginn eines Gedankens nicht bewusst wahr, denn Gedanken benötigen erst eine gewisse Intensität, um in unser Bewusstsein zu dringen, und wir neigen dazu, reflexartig auf sie zu reagieren und uns von ihnen mitreißen zu lassen, bevor wir überhaupt wahrgenommen haben, dass sie entstanden sind. Aber indem wir einen Zustand der Ruhe herstellen, können wir unsere Absicht darauf richten, ihren Beginn zu sehen. Wenn sie aufsteigen, werden sie für uns klar.

Nach ein paar Augenblicken ist noch eine andere Fragestellung hilfreich: «Wohin gehen die Gedanken?» Wir wissen, dass sie endlich sind, aber normalerweise nehmen wir ihr Ende nicht bewusst wahr. Es lohnt sich, sich auch hierfür zu interessieren, selbst wenn es etwas nebulös erscheint. Ein Gedanke endet, ein anderer beginnt — das fühlt sich auf verschwommene Weise kontinuierlich an. Aber durch ruhige Klarheit können wir Gedanken aufsteigen lassen, dann bei ihnen bleiben und sehen, wohin sie gehen und was geschieht, wenn sie aufhören. Kommt dann sofort der nächste Gedanke? Was passiert da? Indem wir ihr Ende betrachten, statt ihnen beim Wuchern zuzuschauen, sehen wir, wie sie sich wieder in die Weite ruhiger Klarheit verflüchtigen, aus der sie gekommen sind.

Nehmen Sie diese forschende Haltung ein und verweilen Sie täglich drei Minuten darin.

Die Dreizeitigkeit der Gedanken

In dieser ersten *Vipassana*-Übung nutzen wir unser klares Sehen, um zu beobachten, woher Gedanken kommen und wohin sie gehen. Wenn wir wissen, woher Gedanken kommen, und wissen, wohin Gedanken gehen, dann werden wir natürlich auch wissen, wo sie zwischen ihrem Auftauchen und ihrem Verschwinden sind. Diese Bewusstheit der Dreizeitigkeit von Gedanken — ihres Auftauchens in der Vergangenheit, ihres Daseins in der Gegenwart und ihres Sich-Auflösens in der Zukunft — kommt wie eine Welle auf einer Wasserfläche. Diese Meditation ist von großem Wert, weil Gedanken die allgegenwärtigen Bettgenossen unserer Erfahrung sind. Sie öffnet die Tür zu einer weiteren sehr aufschlussreichen Frage: «Was sind Gedanken?» Definitionen aus Wörterbüchern sind hier meist nicht besonders hilfreich, weil sie lediglich Gedanken selbst auf andere Gedanken verweisen. Es ist wie bei der Erfahrung des Geschmacks von Schokolade — wenn wir Gedanken einmal erfahren, statt uns nur von ihnen beherrschen zu lassen, können wir ein klares Verständnis gewinnen. *Shamata* geht gleitend in *Vipassana* über. Auf einer Basis der Ruhe ist Klarsicht vorhanden.

Fragen und Anmerkungen

Ich habe das Gefühl, dass ich das hier in der einen oder anderen Form nun schon seit einiger Zeit übe. Dabei ist mir aufgefallen, wie sehr ich an meinen Gedanken hänge. Es ist wie ein Klettverschluss — eine wirklich starke Verbindung.

Wenn wir die Grundlage dieser Bindung sehen, beginnen wir, tief in die narrative Struktur einzudringen, in der wir leben. Unsere Identität, unser Selbstgefühl ist an unsere Gedanken gebunden. Unsere Gedanken stellen Bezüge her, liefern uns Orientierung, nach der wir leben. Das macht sie so magnetisch, so klebrig. Deshalb verstricken wir uns so leicht in sie.

Ich habe Probleme mit umherschweifenden Gedanken. Ich kann Gedanken passiv wahrnehmen, wie Wellen im Ozean, aber es fällt mir schwer einzuordnen, woher sie kommen und wohin sie gehen.

Darum ist die Übung der letzten Woche so wertvoll. Wenn Sie bemerken, dass Ihre Denkmaschine scheinbar außerhalb Ihrer Kontrolle arbeitet, holen Sie sich die Kontrolle zurück. Entschließen Sie sich, das Denken noch zu verstärken. Verbringen Sie ein paar Minuten ganz bewusst mit Denken. Dann hören Sie auf. Die Gedankenfolge wird unterbrochen. Sie haben die Kontrolle darüber übernommen. Dann können Sie sehen, wie Gedanken aufsteigen und vergehen, ohne das unablässige Wuchern, das Ihnen zuvor so automatisch vorkam. Wie bei der Judo-Technik gehen Sie im Grunde mit, statt Widerstand zu leisten. Das ist mit jedem beliebigen Gedanken möglich, der Inhalt spielt gar keine Rolle. Sie müssen dem Denkmechanismus zuvorkommen, indem Sie bewusst denken. Dann setzen Sie aus. Daraufhin wird es ruhig, wenigstens für eine Weile. Wenn Sie möchten, können Sie probieren, noch einmal sieben Tage lang die Übung der vorigen Woche durchzuführen und dann zur Übung dieser Woche zurückzukehren, vielleicht fällt sie Ihnen dann leichter.

Ist Denken immer verbal? Es scheint, als ob wir Aufmerksamkeit auf die Sätze, die Stimme oder die Wörter richten.

Das ist eine interessante Frage, die Sie sich einmal selbst stellen können. Sind Gedanken immer in Wörter gefasst, oder können wir zu einem vorsprachlichen Element vordringen, das zwar schon ein Gedanke, aber noch nicht zu Wörtern gereift ist? Wie steht es mit Bildern? Sind sie ebenfalls Gedanken?

Ich hatte angenommen, dass Empfindungen die Entstehung von Gedanken auslösen, aber bei dieser Übung hatte ich das Gefühl, als bestünde keine direkte Verbindung zwischen der physischen Empfindung und dem Gedanken, der daraufhin auftauchte. Liege ich da falsch?

Anzufangen, das Aufsteigen von Gedanken zu sehen, ist *Vipas-*

sana, aber es ist nicht so, dass eine körperliche Empfindung oder eine innere Regung direkt einen Gedanken erzeugt. Sie können durch solche Ereignisse ausgelöst werden, doch ihr Inhalt ist mitunter eher zufällig. Wenn Sie Ihren geistigen Prozess wirklich durchdringen, werden Sie erkennen, dass Sie fortwährend aus diesen zufälligen und ungeordneten Elementen der Erfahrung ein Narrativ konstruieren, wie beim Träumen. Gedanken steigen wie beiläufig auf, angestoßen von dem einen oder anderen Eindruck. Dass wir eine innere Bezugsgröße haben, verschafft uns das Gefühl, eine Richtung zu kennen, ein Ziel, als wüssten wir sicher, was wir tun. Das liegt daran, dass wir bei alldem einen Plan haben, eine narrative Struktur von «ich in der Welt», die eine Auswahl aus diesen vielen inneren Stimmen trifft und ein zusammenhängendes Bild erzeugt. Wenn wir erst einmal ein gewisses Maß an Einsicht entwickelt haben, an *Vipassana,* fangen wir an zu erkennen, dass dieses Narrativ nur ein Ausschnitt ist, eine kleine Teilmenge dessen, was wirklich in uns und um uns herum vor sich geht.

Sie sagten, wir sollen unsere Gedanken betrachten, aber ich weiß nicht recht, wie ich das machen soll.

Begriffe wie *betrachten* oder *anschauen* sind etwas irreführend. Ich meine nicht wörtlich, *Schauen Sie hin!* Das ist zu konzeptionell. Wir müssen leicht und mühelos da sein. Wenn wir zu angestrengt hinschauen, erzeugen wir nur Konzepte. Es ist eher ein beiläufiger Seitenblick als ein Hinstarren. Aber wenn wir einen Zustand von *Shamata* aufrechterhalten, wird unser Schauen mühelos. Wenn das Schauen unser *Shamata* unterbricht, dann ist es konzeptuell — es ist dann ein Betrachten, das von dem Gedanken an etwas zu Betrachtendes geleitet wird. Das Schauen, das wir hier anstreben, ist das Schauen, das in ruhiger Klarheit entsteht und diese nicht stört. Dann sehen wir, was wirklich ist, ohne irgendwelche vorgefassten Meinungen.

Ist das nicht der Unterschied zwischen Betrachten und Sehen? Sehen geschieht mühelos.

Das könnte eine hilfreiche Unterscheidung sein. Aber all diese Begriffe ergeben nur dann wirklich einen Sinn, wenn man sie erfährt. Wörter werden durch Erfahrung mit Bedeutung eingekleidet.

Ich weiß nicht recht, wie ich hier hineinpasse. Ich bin Legastheniker. Ich erfahre Dinge hauptsächlich durch Bilder. Manchmal gibt es keine Worte, nur Bilder.

Gedanken sind ebenso sehr bildhaft, wie sie verbal sind. Sie werden mit Wörtern verknüpft. Wenn Sie in Bildern denken, ist das überhaupt kein Problem. Die Assoziationen, die ausgelöst werden und immer weitere nach sich ziehen, werden im Prinzip auf die gleiche Weise erzeugt.

Was ist mit diesem Wuchern und Fortpflanzen der Gedanken, von dem Sie gesprochen haben?

Ein Diskurs kann auch in Bildern stattfinden. Ein Bild kann ein anderes auslösen. Wenn wir träumen, geschieht das häufig. Dies alles sind Fragestellungen, unter denen wir unsere eigenen geistigen Erfahrungen betrachten können. Aber verlassen Sie sich nicht auf mein Wort — probieren Sie es selbst aus.

Lesen Sie erst weiter, wenn Sie
die vorige Übung sieben Tage lang
praktiziert haben!

KAPITEL ZWÖLF

DAS ABBILD

Vipassana hat in den vergangenen rund zwanzig Jahren viel Aufmerksamkeit bekommen, weil es oft als gleichbedeutend mit Meditation aufgefasst wird. Diese Sichtweise ist allerdings einseitig. Meditationstechniken, bei denen man den Atem beobachtet oder die Aufmerksamkeit auf Sinneseindrücke richtet, sind in erster Linie *Shamata*, und das führt im Ergebnis zu *Vipassana*. Die meisten Anleitungen, die man findet, lehren eigentlich *Shamata*. *Shamata* ist etwas, das man üben kann. Ich hoffe, Sie beginnen, diese Fähigkeit zu ruhiger Klarheit zu entwickeln, denn wenn Sie *Shamata* üben, gewinnen Sie Zugang zu einer Basis der Ruhe und Klarheit, von der aus Sie *Vipassana*, Klarsicht, erleben können. In unserer normalen Erfahrung fehlt es uns allen an einer ruhigen Basis und somit auch an der Fähigkeit, unsere Erfahrung klar zu sehen.

Um *Vipassana* besser zu verstehen, kann es sich lohnen, ein paar Hintergrundinformationen darüber zu sammeln, worum es hier eigentlich geht. Es ist ein wenig so, wie wenn man einen Reiseführer liest, bevor man ein fremdes Land besucht. Wir werden darin auf Dinge hingewiesen, die wir beachten sollten, erfahren etwas über die Geschichte und werden vielleicht ermutigt, dieses oder jenes zu erkunden, was uns sonst entgangen wäre. Aber wenn wir dann auf Reisen sind, kann es etwas deprimierend sein, Touristen zu sehen, die ständig die Nase in ihren Reiseführer stecken und nichts anderes sehen! Für sie ist das Lesen von Hintergrundinformationen an die Stelle der eigentlichen Erfahrung getreten. Erfahrung geht immer über solche Informationen hinaus, so detailliert sie auch sein mögen. Hintergrundinformationen leisten nichts weiter, als uns Hinweise zu geben, wohin wir vielleicht schauen sollten. Um noch einmal den Vergleich zu bemühen: Stellen Sie sich vor, Sie wandern einen Berg hinauf und begegnen jemandem, der gerade auf dem Weg nach unten ist. Die Person sagt: «Hinter der nächsten Wegbiegung hat man einen fantastischen Ausblick auf einen Gletscher.» Mit diesem Tipp liefert die Person uns eine Hintergrundinformation. Wir wandern nun weiter um die nächste Wegbiegung. Jetzt müssen wir zwar nicht zu dem Gletscher hinüberschauen, aber jemand hat uns darauf hingewiesen, dass es dort etwas Schönes zu sehen gibt. Das ist eine Art, unsere Aufmerksamkeit zu lenken, ohne dass wir gezwungen sind, sie darauf zu richten.

Was ist nun der Hintergrund zu dem, womit wir uns hier beschäftigen? Es ist Folgendes: Während über unsere sechs Kanäle laufend Empfindungen und Eindrücke auf uns einströmen, interpretieren wir sie durch eine vorgeformte Abbildung, die wir die Welt nennen. Das geschieht ständig. Wir erinnern uns nicht daran, dass wir es tun, weil unser Gedächtnis auf der Grundlage dieses Abbilds arbeitet. Aber wenn wir in Echtzeit zuschauen, während die Dinge geschehen, anstatt uns an sie als Geschehenes zu erinnern, dann macht das in mehrfacher Hinsicht einen bedeutenden Unterschied. Einer der wichtigsten Aspekte ist, dass der Bezug auf uns selbst — jenes Etikett «ich», «mir» oder «mein», mit dem wir allem, was uns widerfährt, Bedeutung zuschreiben — in den Ereignissen selbst nicht vorhanden ist. Er ist vielmehr in einer narrativen Struktur gespeichert, in der in unserer Erinnerung die vergangenen Ereignisse durch Bezugnahme auf jene Etiketten «ich», «mir» oder «mein» organisiert sind, zusammen mit einem internen Zeitstempel. So verortet unser Gedächtnis uns in den Ereignissen, die es speichert, und so ordnet es das Gespeicherte in eine zusammenhängende Erzählung ein.

Diese systematische Illusion, derer wir uns normalerweise nicht bewusst sind, ist ein wesentliches Element in der Entstehung von Unruhe und Leid, dem emotionalen Aufruhr, der in unserem Leben eine so große Rolle spielen kann. Ich will damit keineswegs behaupten, *alle* Erfahrung sei eine Illusion. Aber wir müssen uns immer wieder bewusst machen, dass unsere Erfahrung eines jeden Sinnesobjekts oder Ereignisses stets eine Interpretation ist. Sie wird uns als ein «Ding» oder Ereignis präsentiert, das «mir» begegnet oder von «mir» wahrgenommen wird, wohingegen die Wirklichkeit des Dings oder Ereignisses, im klaren Licht von *Vipassana* betrachtet, sich als bedeutend anders erweist. In dem Ereignis, wie es wirklich geschehen ist, in seiner Aktualität, war da gar kein Ding und kein «Ich».

Wow! Was für eine Entdeckung! Und wie bereits in der ersten Woche unserer Erkundungsreise angesprochen, ist das Abbild, das wir von unserer Erfahrung erzeugen, den eigentlichen Ereignissen um fast eine halbe Sekunde hinterher. Wir erleben das Abbild jedoch als kontinuierlich und stimmig. Darum bemerken wir normalerweise nicht, dass es um eine halbe Sekunde verzögert ist; nur wenn Reaktionszeit demonstriert wird oder optische Täuschungen gezeigt werden, beginnen wir zu sehen, dass unsere Erfahrung fortwährend konstruiert wird, Moment für Moment. Wie können wir also ein *Vipassana* dieser Situation erleben? Wie können wir sie sehen? Wir haben nicht die Möglichkeit, aus ihr herauszutreten, um sie zu betrachten. Es gibt kein Außerhalb, von dem aus man sie betrachten könnte. Wie also können wir Zugang zu etwas erlangen, das uns zeigen könnte, wie das Bild erzeugt wird?

Worum es uns hier geht, ist der Versuch, das geistige Bild selbst zu sehen. Wir wollen irgendwie ein *Vipassana* davon erleben. Unser Problem besteht darin, dass fortwährend Eindrücke an unseren sechs Kanälen auftreten, und als Reaktion auf sie wird fortwährend das Bild erzeugt, Moment für Moment. Auch hier kann unsere Übung der Kontrast-Meditation uns helfen. Wie weiter oben bereits erwähnt, basiert sie auf dem simplen Prinzip, dass man einen Muskel am besten entspannen kann, indem man ihn erst anspannt und dann loslässt. Es fällt sehr schwer, etwas zu entspannen, wenn es nicht vorher in einem Zustand der Anspannung war. Kontrast auf diese Weise zu nutzen, kann auch bei *Vipassana* ein starkes Werkzeug sein. Kontrast-Meditation kann uns helfen, den Unterschied zwischen dem Bild und den Sinneseindrücken, die es hervorrufen, zu erkennen.

Wir haben im Grunde schon in allen Meditationsübungen der vergangenen Wochen daran gearbeitet, aber jetzt ist es an der Zeit, ganz bewusst einen Spalt in der glatten Oberfläche aufzutun, auf der wir normalerweise leben. Von unseren sechs Kanälen, mit denen wir arbeiten können — dem Hören, Sehen, Tasten, Schmecken, Riechen und dem Geist — ist das Hören hier am besten geeignet.

Hören ist in diesem Zusammenhang interessant, weil es für die Konstruktion der Erzählung unserer Erfahrung von besonderer Bedeutung ist. In unserer normalen Wahrnehmung wird dieser Sinn oft als zweitrangig behandelt, und uns ist meist gar nicht bewusst, was für eine wichtige Rolle er spielt. Klang trägt wesentlich dazu bei, das Bild zu verdinglichen, es real zu machen. Versuchen Sie bei Gelegenheit einmal dies: Schalten Sie beim Fernsehen den Ton ab. Eine stumm geschaltete Fernsehsendung wird zu einer Aneinanderreihung von Bildern; es fällt sehr schwer zu verfolgen, was da vor sich geht. Aber sobald Sie den Ton wieder einschalten, werden Sie direkt in die Geschichte oder die Show hineingezogen. Außerdem können Radio, Podcasts und Hörbücher, die ganz ohne visuelle Bilder auskommen, packender und bewegender wirken als Fernsehen. Hören erzeugt Bedeutung in einer Weise, die uns normalerweise nicht bewusst ist.

ÜBUNG

Am Fenster sitzen

Dies ist eine sehr einfache Kontrast-Meditation. Setzen Sie sich in die Nähe eines offenen Fensters, wo Geräusche zu hören sind — sei es Verkehrslärm, Vogelgezwitscher, menschliche Stimmen oder was auch immer. (Wenn Sie nicht die Möglichkeit haben, ein Fenster zu öffnen, können Sie auch mit Geräuschen im Raum arbeiten, vorausgesetzt, diese treten kontinuierlich auf. Oder wenn das Wetter schön ist, könnten Sie im Freien sitzen statt an einem Fenster.) Stellen Sie einen Timer auf neunzig Sekunden. Schließen Sie die Augen und konzentrieren Sie sich auf die Geräusche. In diesen ersten anderthalb Minuten sitzen Sie nur da und lassen die Geräusche auf sich einströmen. Benennen Sie sie nicht, lokalisieren Sie sie nicht; lassen Sie die Geräusche einfach passieren, ohne sie in irgendeiner Weise zu analysieren.

Dann lassen Sie den Timer noch einmal neunzig Sekunden laufen, und in dieser Zeit versuchen Sie, jedes Geräusch, das Sie hören, zu identifizieren — was es ist, woher es kommt, ob es vor oder hinter Ihnen, rechts oder links ist. Versuchen Sie, es genau zu lokalisieren und zu bestimmen.

Im ersten Zeitabschnitt identifizieren wir also die Geräusche und ihren Ursprung nicht, und im zweiten üben wir dann das Identifizieren. Wenn Sie die Übung wiederholen möchten, kehren Sie dabei die Reihenfolge um: Identifizieren Sie nun in den ersten neunzig Sekunden alle Geräusche und lassen Sie sie dann im zweiten Zeitintervall einfach nur auf sich einströmen.

Sie können ein *Vipassana* des Unterschieds zwischen diesen beiden Modalitäten erleben. Er ist sehr auffällig. In der Zeit, in der Sie nicht identifizieren, sind da nur Geräusche.

Wenn Sie die Geräusche einfach passieren lassen, ohne sie zu benennen oder zu lokalisieren, ist es mitunter vielleicht sogar schwer zu sagen, ob ein Geräusch von Ihnen selbst kommt oder von außen. Sie könnten zum Beispiel Ohrgeräusche hören. Aber wenn Sie sich in das Geräusch hinein entspannen, woher kommt es? Der zweite Teil, wenn wir die Geräusche identifizieren, ist völlig anders. Hier sind wir klar verortet, der Mittelpunkt der Welt, und alle Geräusche passieren in Bezug auf uns. Der Kontrast zwischen beidem ist eine primäre Erkenntnis von *Vipassana*. Wir sehen, dass unsere Situation aus Namen und Form zusammengesetzt ist. Formen entstehen aus Sinneseindrücken, in diesem Fall den Geräuschen, die uns über den Kanal des Hörens erreichen, und unser Benennen ist der Prozess, diese Geräusche als bestimmte Dinge zu identifizieren. Durch den Wechsel zwischen Identifizieren und Nicht-Identifizieren können wir ein *Vipassana* unserer Erkenntnisfunktion erleben; indem wir unsere Aufmerksamkeit auf die Sinneskanäle selbst richten, können wir sehen, wie wir eine Welt der Erfahrung mit uns im Mittelpunkt erschaffen.

Aus dieser Kontrast-Meditation ergibt sich noch eine weitere faszinierende Erkenntnis. Im ersten Zeitabschnitt, wenn wir die Eindrücke vom Sinneskanal nicht lokalisieren oder identifizieren, gibt es kein starkes Empfinden des Selbst. Wenn Sie diese Übung lange genug praktizieren, verblasst allmählich das Gefühl von «Ich», davon, eine Person in der Welt zu sein. Dann ist nur noch die Erfahrung selbst da. Im zweiten Zeitabschnitt jedoch ist das Gegenteil der Fall. Indem wir Geräusche lokalisieren und identifizieren, ist das «Ich» klar definiert, mit Grenzen, die zu «mir» gehören, und folglich auch mit Dingen, die «meine» sind. Könnten diese drei Begriffe lediglich Zuschreibungen sein, mit denen wir unsere Erfahrung der Welt organisieren? Reflektieren Sie nach der Übung über Ihre Neunzig-Sekunden-Meditationen. Ist «Ich» in beiden präsent oder nur in einer?

Sinneseindrücke sehen

Wir erleben selten Sinneseindrücke an sich, sei es durch Hören, Sehen, Schmecken, Riechen oder Tasten. Wir stellen uns selbst mit unserem bereits vorhandenen Wissen über diese Sinneseindrücke immer irgendwie in den Mittelpunkt. Diese Kontrast-Meditation ist sehr nützlich, weil wir zu sehen beginnen, wie wir unser Erleben konstruieren. Die Übung bringt uns dazu, die Blase zu durchdringen, in der wir unser Leben leben und all unsere Erfahrungen in ein konstruiertes Modell einfügen. Egal, welche Geräusche Sie umgeben, schließen Sie die Augen, öffnen Sie ein Fenster und lauschen Sie.

Wenn Sie sehr mutig sind, setzen Sie sich auf eine Parkbank, schließen Sie dort die Augen und lauschen Sie. (Aber nehmen Sie eine vertraute Person als Begleitung mit, damit Sie nicht wirklich in Gefahr geraten.) Probieren Sie es aus — es kann sehr aufschlussreich sein. Nachdem Sie im ersten Zeitabschnitt einfach zugelassen haben, dass Geräusche sich manifestieren, arbeiten Sie in den nächsten neunzig Sekunden intensiv daran zu identifizieren, was da vor sich geht. Sehen Sie den Unterschied in Ihrem psychischen Zustand bei diesen zwei Arten, Sinneseindrücke zu verarbeiten. Im zweiten Abschnitt kommen Ihnen vielleicht alle möglichen Fantasien in den Sinn, die anfangen zu wuchern — Sie könnten beispielsweise ein seltsames Geräusch so interpretieren, dass ein Bus von der Fahrbahn abgekommen ist und geradewegs auf Sie zufährt. Diese Fantasien können sehr lebhaft sein, aber sie sind einzig und allein Produkte Ihres inneren Zustands. Sie lernen, Ihr eigenes Modell zu sehen, ein *Vipassana*, nachdem Sie die ruhige Basis von *Shamata* etabliert haben.

Fragen und Anmerkungen

Augen offen oder geschlossen? Ist das wichtig?

Eigentlich nicht, da wir uns hier nicht auf die Augen als Sinneskanal konzentrieren. Es ist in Ordnung, die Augen offen zu halten, solange wir nicht etwas Bestimmtes anschauen. Aber wenn Ihnen die Übung mit geschlossenen Augen leichter fällt, ist das auch völlig in Ordnung. Dies ist allerdings keine Trance-Meditation. Wir versuchen nicht, einen Zustand tiefer Konzentration zu erreichen, was mit geschlossenen Augen passieren kann. Wir lauschen lediglich — zuerst passiv und dann, als Kontrast dazu, aktiv.

Mir ist das Umschalten etwas schwergefallen. Bei der vorigen Kontrast-Meditation, bei der wir erst denken und dann aufhören sollten, war der Unterschied klarer und deutlicher. Bei dieser scheint es darum zu gehen, dass man versucht, über das Hören nachzudenken.

In der ersten Hälfte geben Sie alles Identifizieren auf, so, als würden Sie an einem Strand sonnenbaden, während um Sie herum alles Mögliche im Gange ist. In der zweiten Hälfte der Übung, wenn Sie Geräusche identifizieren, nehmen Sie fast so eine Haltung ein wie ein Detektiv oder Geheimagent — Sie lauschen sehr aufmerksam, versuchen zu bestimmen, was da vor sich geht. Insofern denken Sie tatsächlich, aber eigentlich erkunden Sie die Geräusche, die Sie hören. Können Sie den Unterschied zwischen diesen beiden Zuständen erleben?

Im zweiten Teil habe ich mich dabei beobachtet, wie ich die Quelle aufspüren wollte. Das führte mich zu interessanten Fragen: «Ist der Motor groß oder klein?» und so weiter. Mein Geist hatte Spaß daran.

In *Vipassana* versuchen wir, uns der Konstruktion der Wahrnehmung bewusst zu werden. Eine der Techniken, um sie ins Bewusstsein zu holen, besteht darin, dass wir das Konstruieren erst über- und dann untertreiben. Dieser abrupte Wechsel hilft uns, den Unterschied zu erkennen. In unserer Kindheit sind wir allmählich in ein Konstrukt, ein Weltbild hineingewachsen, das durch unsere Erziehung und Bildung ausgestaltet wurde. Infolgedessen sehen wir diesen Prozess nur ganz selten, weil das Konstrukt nicht auf einmal gekommen ist. Es hat sich allmählich aufgebaut, und als wir erwachsen wurden, hatten wir bereits eine Welt konstruiert. In unserer Meditation versuchen wir, diesen Welt erzeugenden Prozess sichtbar zu machen. Das Konstrukt ist allgegenwärtig und reflexiv; deswegen ist es schwer zu sehen. Wir müssen Werkzeuge finden, Lücken im Panzer, Spalten, durch die wir Blicke darauf erhaschen können. Um das Bild zu durchschauen, in dem wir leben, müssen wir zu etwas vordringen, das der Analyse beinahe entzogen ist. Das kann wie hier mittels einer Kontrast-Meditation geschehen oder auch durch direktes Schauen. Aber wenn es uns gelingt, unser *Shamata* so weit zu entwickeln, dass wir echte Stabilität haben, werden wir zweifellos sehen. Wenn unsere gewohnheitsmäßige Reflexivität uns nicht mehr mitreißt, sehen wir. Das ist *Vipassana*.

Lesen Sie erst weiter, wenn Sie die vorige Übung sieben Tage lang praktiziert haben!

KAPITEL DREIZEHN

NICHT-TUN

Wir stehen unser Leben lang in einem Dialog. Er basiert auf einem Repertoire von Wörtern und Konzepten, die eine Erklärung zu unserer Erfahrung liefern. Dieses Narrativ erzeugt eine Beständigkeit der Welt, in der wir leben, doch bei näherem Hinsehen wird schnell klar, dass wir alle «die Welt» gar nicht wirklich erfahren. Ja, eine solche Erfahrung wäre buchstäblich unmöglich angesichts der unüberschaubaren Menge und Komplexität anderer Lebewesen und Vorgänge, die uns umgeben. Wir wären ewig beschäftigt, wenn wir auch nur versuchen wollten, all die Kausalketten der Ereignisse zu durchschauen, die sich in unserem eigenen Garten abspielen. Es gibt Tausende und Abertausende Kausalketten, die gleichzeitig ablaufen. Stellen Sie sich jeden lebenden Menschen in seiner eigenen Geschichte vor, all die unterschiedlichen atmosphärischen Bedingungen; die mikroskopischen Prozesse bei all den Insekten, Säugetieren und Vögeln; die Tiefen der Ozeane; all die Familiendynamiken und -dramen; die soziopolitischen Gegebenheiten — die Liste ist schier endlos. Auch wenn wir alle über «die Welt» sprechen, beziehen wir uns dabei eigentlich auf unsere eigene Blase von Ideen und Konzepten, durch die wir der Erfahrung, die uns begegnet, einen Sinn beilegen.

Wenn wir zum Beispiel eine Brille sehen, benennen wir sie im Geiste als «Brille», und oft denken wir vielleicht als Nächstes «meine Brille». Mit diesem Possessivpronomen kommt ein Geflecht von Assoziationen zu unseren Erinnerungen ins Spiel. Wir erinnern uns vielleicht, wie wir die Brille gekauft haben. Ist sie gut oder schlecht? Vielleicht brauchen wir eine neue. Gefällt uns das Gestell? Wissen wir noch, wie teuer sie war? Viele Elemente verknüpfen jedes Objekt, dem wir begegnen, mit unserem Kausalkontinuum.

Dieses Kontinuum besteht jedoch nicht nur aus Namen und Erinnerungen. Es enthält auch starke Appelle, Meinungen über Richtig und Falsch, Ansichten, die unsere Erfahrung verfestigen und unsere Reaktionen anpassen. Letztendlich streben wir durch unsere Reaktionen nach Weisheit — das ist die Fähigkeit, authentisch mit den tatsächlichen Umständen umzugehen, denen wir begegnen. Dabei können unsere vorgefassten Meinungen und Ansichten hinderlich sein. Sie klar zu sehen, befähigt uns, bessere Entscheidungen zu treffen.

Um uns auf dieses Sehen vorzubereiten, können wir etwas üben, das man *Prä-Passana* nennen könnte: eine Vorbereitung aufs Sehen. Es ist eine einfache Übung, die im Hinblick auf das Kausal-Narrativ überraschend befreiend wirkt. Wie bereits erwähnt, sind um uns herum ständig Ereignisse im Gange, und Nachrichten können uns rund um die Uhr erreichen. Viele Ereignisse, gerade in den Bereichen Politik und Sport, wirken hochgradig polarisierend. Da wir stark aufgeladene Narrative haben, stehen wir in Bezug auf diese Ereignisse im Allgemeinen fest auf der einen oder anderen Seite. Unsere Vorbereitung auf *Vipassana*, unser *Prä-Passana*, sieht nun so aus: Egal, auf welcher Seite wir stehen, wir üben uns darin, uns zu freuen, wenn die andere Seite gewinnt. Ganz gleich, welche Argumente wir vielleicht dafür haben, dass die andere Seite im Unrecht ist — wir schieben sie beiseite und empfinden Freude darüber, dass die andere Seite die Oberhand hat.

Bei dieser Übung geht es nicht darum, sich falsche Ansichten anzueignen, sondern vielmehr darum, etwas freier von unseren eigenen Ansichten zu werden. Was uns interessiert, ist das Gefangensein in Meinungen, nicht das Für und Wider einer bestimmten Meinung. Das Kausalkontinuum, in dem wir leben, ist ein Konstrukt, das wir hervorgebracht haben, um unser Leben zu erklären, und es markiert zugleich auch die Grenzen, innerhalb derer wir unser Leben leben. Da ich keine andere Sichtweise habe als meine eigene, werde ich, wenn ich ganz in ihr befangen bin, immer nur durch ein winziges Fenster auf das blicken, was möglich sein könnte. Wenn wir frei werden wollen, ist es wichtig, dass wir daran arbeiten, uns dieser Sichtweise bewusst zu werden und uns von ihr zu lösen. Sonst sehen wir nur einen kleinen Ausschnitt dessen, was es für uns Menschen dort draußen zu sehen geben könnte.

Die *Prä-Passana*-Übung besteht also darin, dass wir uns jetzt einmal vorstellen, die andere Person oder die andere Seite würde gewinnen, und uns darüber freuen. Wir sind ganz glücklich, dass sie gewinnt. Das ist eine wunderbare Nachricht. Wir sind höchst erfreut. Je erfreuter, umso besser. Die unmittelbare Empfindung ist eine von Freiheit und Glück.

Wenn wir darüber nachdenken, hat es den Anschein, als dürfte es schwierig werden. Es ist uns zuwider, zu wünschen, dass die Bösen gewinnen, weil wir ja wissen, dass sie die Bösen sind. Sie haben tausend böse Dinge getan. Aber die Übung besteht darin, dass wir uns über ihren Erfolg freuen, als sei das eine ganz tolle Sache. Wenn Ihnen das gelingt, wenn Sie den Widerwillen dagegen überwinden können, den Erfolg Ihrer Gegner zu feiern, dann beobachten Sie, wie Sie sich fühlen. Es ist, als sei eine schwere Last von Ihnen genommen. Für einen Moment fällt das Gewicht der Ansicht, die Sie hatten, von Ihnen ab. Das ist ein *Prä-Passana*, ein Trick, der uns für einen Moment von unseren gewichtigen Meinungen befreit. Auf unser Verhalten braucht es keine Auswirkungen zu haben. Es beeinflusst lediglich unsere Sichtweise.

Unsere Ansichten entstehen, weil wir unser Leben in einem

verschachtelten Gefüge von Erzählungen leben; dieses wird mitunter ein «Über-Ich» genannt. Man könnte es als den Hintergrund verstehen, vor dem wir leben — die übergreifende Geschichte, in der wir unsere individuelle Geschichte leben. Jeder von uns hat einen solchen Hintergrund, bestehend aus familiärem und gesellschaftlichem Erbe, und dazu gehören Elemente wie der Ort unserer Geburt, unser Beruf, Dinge, die uns widerfahren sind, und so weiter. Auch Nationen haben ein solches Narrativ. Das britische Empire prägt noch heute die britische Identität, ebenso, wie der amerikanische Exzeptionalismus die Vereinigten Staaten prägt. Es ist mitunter schwer herauszufinden, worin diese unterschwelligen Einstellungen bestehen, aber sie erzeugen tiefe Gefühle in uns und bestimmen wesentlich unser Empfinden von Richtig und Falsch.

Dieses verschachtelte Gefüge aus Erzählungen ist da, wenn wir morgens die Augen aufschlagen, es begleitet uns durch den Tag und setzt sich fort, wenn wir nachts träumen. Dazwischen entstehen nur für kurze Augenblicke Lücken zwischen einem Element und dem nächsten. Normalerweise können wir dieses Narrativ nicht sehen, aber wir können es zum Objekt für unser *Vipassana* machen. Inzwischen haben wir vielleicht Stabilität entwickelt, gesehen, woher Gedanken kommen und wohin sie gehen, und sogar die Erfahrung gemacht, in einem Narrativ zu sein und es dann fallenzulassen. Aber um wirklich *Vipassana* zu erleben, müssen wir innehalten. Nur dann wird die ganze narrative Struktur, in die wir eingebettet sind, für uns sichtbar.

ÜBUNG
Innehalten

Nachdem wir mit der Vorstellung, dass die Bösen gewinnen, *Prä-Passana* geübt haben, um uns ein wenig von unseren Meinungen zu befreien, wollen wir nun geeignete Bedingungen für *Vipassana* schaffen. Das tun wir, indem wir innehalten. Diese Meditation ist ungewöhnlich. Für einen Moment, jeweils für wenige Sekunden, halten wir mit allem inne — wir hören auf, uns zu bewegen, zu schauen, zu hören. Wir halten einfach inne. Das können wir entweder willkürlich oder nach einem Timer tun. Wenn wir einen Timer benutzen, ist es am besten, ihn zwischendurch zu vergessen. Wir halten zum Beispiel nicht immer zur vollen Stunde inne. Das würde ein Narrativ erzeugen. Stellen Sie Ihren Timer auf eine gewisse Zeit ein, lange genug, um nicht mehr daran zu denken, dass er läuft — sagen wir, drei Stunden und fünfzehn Minuten. Wenn das Signal ertönt, halten Sie inne. Hören Sie mit allem auf, nur für wenige Sekunden, nicht länger. Dann machen Sie weiter. Tun Sie das vielleicht dreimal täglich.

Machen Sie keine große Sache aus diesem Innehalten. Wenn wir innehalten, geschieht einfach gar nichts. Wir wissen nichts. Wir sehen nichts. Wir schauen nichts an. Wir kommen körperlich und geistig zum Stillstand. Dann setzen wir unsere jeweiligen Tätigkeiten fort. Begehen Sie nicht den Fehler, aus diesem Innehalten mehr machen zu wollen, als es ist. Es ist nichts weiter als ein kurzer Stillstand.

Sie werden sehr rasch bemerken, dass in diesem Moment des Stillstands die Welt an ihnen vorbeirast. Das ist ein seltsames Gefühl. Es ist, als würden wir in einem seichten Fluss treiben, und alles um uns herum schwimmt auch mit, sodass wir die Bewegung des Wassers gar nicht wahrnehmen. Dann stellen wir uns hin, und plötzlich fühlen wir, wie das Wasser an uns vorbeiströmt. Da wir selbst nicht mehr in Bewegung sind, der Fluss und das Treibgut darin sich aber weiterbewegen, sehen wir für einen Moment alles an uns vorbeiziehen. Das ist unsere Welt — das, was sich mit uns bewegt. Nehmen Sie das einen Moment lang wahr, dann entspannen Sie sich und lassen Sie sich wieder mit der Strömung treiben. Dieser Fluss ist die narrative Struktur, in der wir leben.

Aus dem Narrativ heraustreten

Wir verschwinden nicht, wenn wir innehalten. Aber wenn wir es schaffen, dreimal täglich innezuhalten, haben wir am Ende der Woche eine Erfahrung des Narrativs, in dem wir leben. Wir werden überrascht sein, wie das Leben seinen Gang geht. Ein Ding führt zum nächsten. Das ist das Kausalkontinuum, in das wir hineingeboren sind und in dem wir unser ganzes Leben zubringen. Aber die Übung des Innehaltens erzeugt einen Moment des Übergangs, wo wir kurz aus dem Spiel heraustreten. Das ermöglicht ein kleines Fenster für *Vipassana.* Unser gesamter Geistesapparat ist mit dem Narrativ verstrickt — all unsere Worte und Absichten sind damit assoziiert. Darum können wir *Vipassana* nicht erreichen, indem wir sagen: «Ich werde sehen!» Sobald wir sehen, haben wir schon wieder eine narrative Struktur erzeugt. Das Problem ist, dass wir das Wort *ich* gebraucht haben. Unsere Sprache verhext uns. Unsere Aufgabe besteht darin, uns aus der Verhexung durch die Sprache zu befreien. Dafür halten wir inne. Das ist die eine Kraft, die wir immer haben.

In der indischen Tradition wird das Geflecht, in das wir verstrickt sind, durch das Bild eines Knotens beschrieben. Wir sind in eine Struktur eingebettet. Unsere Fähigkeit, unsere Situation klar zu sehen, ermöglicht ein größeres, weiteres Verständnis der Natur unseres Seins — dessen, was wir wirklich sind. Es geht über die Kategorien unserer Kultur hinaus. Wenn wir uns fragen: «Woher weiß ich, wo ich jetzt gerade bin?», können wir das nur aufgrund kausaler Kontinuität beantworten: Wir erinnern uns, was wir einen Moment zuvor getan haben und wie das zu unserer derzeitigen Situation führte. Aber wir haben kein echtes Wissen darüber, wo wir uns im Augenblick befinden. Es ist eine Schlussfolgerung, basierend auf einem Narrativ, das wir erzeugt haben, einer Erzählung voller Ursachen und Gründe, in die wir eingebettet sind. Normalerweise sagen wir: «Ich bin hier, weil ich vorher da war.» Das heißt, die Grundlage unserer Erfahrung ist eine Schlussfolgerung, basierend auf einem Fluss, und nicht etwas Reales, basierend auf direktem Wissen über unsere Situation. Wäre es real, dann wären wir nicht mehr im Fluss, denn wir wären dann im Hier und Jetzt.

Es ist eine gute Übung, sich hin und wieder in Gedanken zu fragen: «Was ist vor einem Augenblick geschehen? Wohin ist dieser Augenblick gegangen?» Er ist ganz buchstäblich vergangen. Er kommt nicht wieder. Wir schauen Tiere an und denken: «Ach, die Armen. Sie wissen gar nicht, was vor sich geht. Sie fressen ihr Gras und haben keine Ahnung vom Leben.» Doch in Wirklichkeit sitzen wir im selben Boot. Wir haben uns in unserem Leben bequem eingerichtet, aber mit jedem Augenblick verschwinden Dinge. Was wir heute Morgen getan haben, ist dahin. Es kommt nicht zurück. Was ist das? Was ist die wahre Natur unseres Lebens und unserer Situation?

Eine wirksame Art, diesen Fragen durch Erfahrung nachzugehen, ist das Innehalten. Hören Sie für einen Moment mit allem auf. Sie werden nicht verschwinden. Sie werden nicht in ein Loch fallen, aus dem Sie erst wieder herausklettern müssten. Je mehr Sie in der Lage sind, innezuhalten und dann wieder anzufangen, umso besser. Je sauberer Ihnen das Innehalten gelingt, umso klarer können Sie sehen.

Kombinieren Sie dieses Innehalten sehr gern mit irgendeiner

der früheren Drei-Minuten-Übungen, um Ihre Basis der Ruhe immer fester zu etablieren. Sie könnten sogar an jedem Tag der Woche eine der vorangegangenen Übungen machen und dazu über den Tag verteilt an zufälligen Punkten innehalten. Langsam, aber sicher werden wir Künstler unserer eigenen Wahrnehmung.

Fragen und Anmerkungen

Ich weiß nicht, ob ich wirklich innegehalten habe oder ob ich mir nur vorgestellt habe, es zu tun.

Halten Sie einfach inne. Wenn Sie Zweifel haben, ob Sie innehalten, dann halten Sie auf der Stelle inne, mitten in der Frage, die Sie sich selbst gerade stellen, ob Sie innegehalten haben. Das Innehalten ist ein Nicht-Tun. Es ist keine Vorstellung. Wenn Ihnen der Gedanke kommt, «Woher weiß ich, ob ich mir das gerade nur vorstelle?», können Sie wiederum innehalten, mitten in diesem Gedanken. Geben Sie diesem Zweifel nicht den Raum, den er fordert. Sie müssen angesichts des Zweifels innehalten. Das Innehalten selbst geht mit einem authentischen Gefühl einher, das keine Zauberei ist — es ist echt. Die Antwort liegt im Tun, oder richtiger gesagt, im Nicht-Tun des Innehaltens. Wir sind kein Computerprogramm. Wir sind nicht der Geist in der Maschine. Wir sind die Maschine. Es ist eine Wissensmaschine. Es gibt keinen Konflikt zwischen Sein und Wissen. Sein ist Wissen, Wissen ist Sein — es ist dasselbe. Es ist nicht dual.

Wenn ich innehalte, habe ich manchmal das Gefühl, als ob ich hinstarre und versuche, meine Erfahrung als unbewegt zu fixieren oder so. Mir ist klar, dass das nicht richtig ist, darum versuche ich, mit dem weichen Blick dagegen anzukommen.

All das Starren und Fixieren ist Verharren. Die einfachste Art, das Verharren zu überwinden, ist, in dem Verharren innezuhalten. Nehmen Sie Ihren Impuls zu fixieren wahr, den Versuch, alles einzufrieren, und halten Sie darin inne. Sie können *Shamata* als Basis nutzen und dann dort innehalten. So halten Sie im Verharren selbst inne.

Dieser Moment, wenn wir innehalten, erscheint wertvoll. Sie sagten, wir sollen es tun und dann wieder vergessen. Ist das Narrativ unausweichlich? Gibt es an diesem Punkt etwas Wertvolles zu erkunden?

Hier liegt die Ironie spiritueller Erkenntnis. Sobald Sie versuchen, das Innehalten zu analysieren, machen Sie ein Konzept daraus. Wenn wir versuchen, in einem Tagebuch über das Innehalten zu schreiben, herausfinden wollen, was es bedeutet, und über es nachdenken, dann verleiben wir es nur wieder dem Narrativ ein, aus dem wir durch unser Innehalten für einen Moment entkommen konnten. Es gibt andere Möglichkeiten, ein Tagebuch zu nutzen, aber das Innehalten ist ein Nicht-Tun, ein Heraustreten aus der Kontinuität unseres Lebens.

Unser geistiger Apparat versucht immer, für uns eine plausible Erzählung zu erzeugen. Das ist ein Schutzmechanismus, der uns helfen soll, uns in einer unsicheren Welt zurechtzufinden. Aber letztendlich wollen wir frei von Ansichten sein, damit wir auf jede Situation mit neuer Einsicht eingehen können, ungehindert von vorgefassten Meinungen. Wie können wir frei von Ansichten sein, wenn wir alles prüfen und überdenken? Erleben Sie unbedingt das Innehalten. Aber danach gehen Sie sofort wieder zur Normalität über, als sei es nie geschehen.

Lesen Sie erst weiter, wenn Sie die vorige Übung sieben Tage lang praktiziert haben!

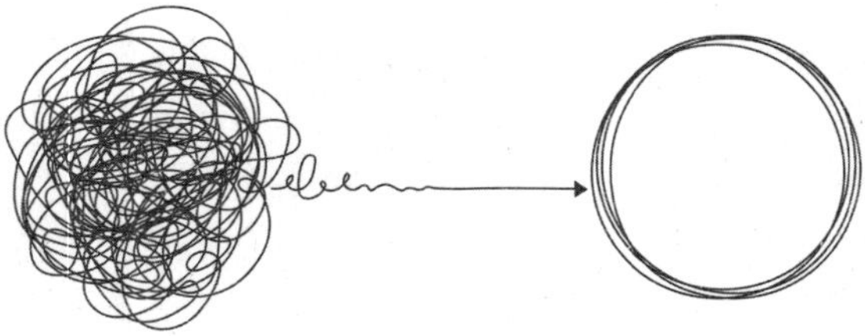

KAPITEL VIERZEHN

VOM KISSEN AUFSTEHEN

Zum Abschluss unserer vierzehnwöchigen Reise wollen wir nun Wege finden, *Vipassana* praktisch anzuwenden. Im Allgemeinen sind wir uns dessen, was wir tun, nur wenig bewusst. Das heißt, die meisten unserer Aktivitäten laufen unbewusst ab. Wir analysieren unser Tun nur, wenn es nicht zu unseren Gewohnheiten und Erwartungen passt. Wenn wir beispielsweise eine Fähigkeit wirklich beherrschen, versetzt uns das paradoxerweise in die Lage zu vergessen, was wir da tun. Ob es darum geht, ein Musikinstrument zu lernen oder eine neue Sprache — wenn wir dabei einmal ein gewisses Niveau erreicht haben, sind wir uns unseres eigenen Tuns nicht bewusster, sondern im Gegenteil immer weniger bewusst. Erinnern Sie sich daran, wie Sie Autofahren gelernt haben. Damals haben Sie alles sehr bewusst wahrgenommen, Ihre Hände am Lenkrad, die Anordnung der Pedale, die Gangschaltung. Sie fuhren bewusst, aber zaghaft. Mit zunehmender Gewöhnung traten diese Wahrnehmungen in den Hintergrund. Sie wären kein besonders guter Fahrer, wenn Sie sich die ganze Zeit Gedanken darüber machen würden, wie Ihre Hände das Lenkrad halten. Wenn wir von einem Stuhl aufstehen, denken wir auch nicht: «Jetzt bringe ich meine Beine in diese Position». Das geschieht völlig unbewusst. Wir nehmen gar nicht wahr, wie wir solche Bewegungen ausführen. Ein anderes Beispiel ist eine Rede, die man beispielsweise auf einer Hochzeit hält. Wenn Sie aufstehen, um eine Rede zu halten, und sich dabei Ihrer selbst und Ihres Tuns sehr bewusst sind, dann wird es eine miserable Rede. Eine gute Rede können Sie nur halten, wenn Sie völlig vergessen, dass Sie eine Rede halten, und sich auf Ihr Publikum einlassen. Sobald wir uns unseres eigenen Tuns bewusst sind, werden wir gehemmt.

Was geschieht in all diesen Beispielen, in denen neue Fähigkeiten erworben werden? Wenn wir eine Fähigkeit entwickeln, ersetzen wir die bewusste Wahrnehmung dessen, was wir tun, durch eine Landkarte. Diese Verkürzung macht uns wesentlich effizienter. Sie hat allerdings auch Nachteile: Wenn wir schlechte Gewohnheiten in diese Landkarte eingebaut haben, kann es extrem schwer werden, sie wieder loszuwerden.

Nun betrachten wir einmal, was passiert, wenn wir von unserem Meditationskissen aufstehen. Solange wir dort sitzen, können wir unser *Shamata* stabilisieren, Empfindungen mit *Vitakka* und *Vicara* folgen und uns unsere Situation bewusst machen. Aber wenn wir von unserem Kissen aufstehen, müssen wir lernen, dieses Bewusstsein beizubehalten, ohne zum gehemmten Anfänger zu werden wie der Trauzeuge, der zum ersten Mal auf einer Hochzeit spricht, oder die Fahrschülerin. Wir sind so daran gewöhnt, reflexiv auf eine Landkarte zurückzugreifen, dass wir ohne gar nicht mehr funktionieren können. Wir wollen dann zurück auf unser Kissen, ruhig dasitzen und uns nicht bewegen. Aber um ein echtes *Vipassana* jeder beliebigen Situation erleben zu können, müssen wir uns von der Sicherheit verabschieden, zu wissen, was wir tun. Wir müssen in eine spontane Interaktion mit den Ereignissen treten, während sie uns begegnen.

Ein Weg dazu ist, das Innehalten in die Bewegung mit hineinzunehmen. Das Innehalten, das wir letzte Woche geübt haben, war ein Stillstand. Wir haben einfach angehalten und für einen Moment zugeschaut, wie unsere narrative Welt und die damit verbundenen Handlungen an uns vorbeiströmten. Aber womit haben wir dabei eigentlich aufgehört? Wenn wir mit dieser Übung vertrauter werden, beginnen wir zu erkennen, dass das, was da aussetzt, unsere Verbindung mit dem Narrativ selbst ist. Für einen Moment sind wir von der Landkarte zurückgetreten und haben innegehalten.

Dieses Zurücktreten kann man auch in Aktion praktizieren. Nehmen Sie zum Beispiel eine einfache Handbewegung. Normalerweise ist uns nicht bewusst, wie wir unsere Hand bewegen, weil wir auf das Ziel fokussiert sind, etwa: «Ich will nach meiner Kaffeetasse greifen». Darüber übersehen wir ganz die Bewegung, die wir ausführen, um nach der Kaffeetasse zu greifen. Um in der Metapher von unserer Landkarte zu bleiben: Wir haben unsere körperliche Erfahrung aufgegeben und durch eine Landkarte von Absichten ersetzt. Aber diesen Prozess können wir umkehren. Wir können lernen, uns einer Bewegung bewusst zu sein, während wir sie ausführen, und uns an das Gefühl gewöhnen, in der Bewegung selbst zu sein. Plötzlich erkennen wir, dass wir uns innerhalb des Innehaltens bewegen können. Wir brauchen nicht reglos dazusitzen wie eine Buddhastatue oder ein Holzklotz. Bald erkennen wir, dass das Innehalten in Bewegung genauso gut gelingen kann wie in Ruhe.

Es fühlt sich seltsam an, einer Bewegung so innezuwohnen. Wir müssen auch hier klar sehen, was geschieht. Das führt zu einer bedeutsamen Entdeckung. Wenn wir lernen, in Bewegung innezuhalten, erkennen wir, dass selbst in der einfachsten Handbewegung kein «Ich» ist! Da ist nur Bewegung. Das «Ich», der Fokus, um den sich all unsere Erfahrung zu drehen scheint, erweist sich als Bezugnahme auf eine Landkarte! Wenn wir aufhören, die Landkarte zu benutzen, ist der Bezugspunkt nicht da, genauso wenig, wie die Höhenangaben, die in einer topografischen Karte abgedruckt sind, auf dem Gebirgspfad, den wir hinaufsteigen, wirklich existieren.

Das Innehalten in die Aktion hineinzubringen, öffnet die Tür zu einer anderen Daseinsweise. Unsere Erfahrung davon erscheint anfangs zaghaft und zerbrechlich. Alles Erlernte, all unsere Geschichte, unsere Anstrengungen, Erfolge und Fehlschläge schreien uns förmlich zu, das «Ich» sei ein notwendiger Faktor. In dem Narrativ, nach dem wir bislang durchs Leben gegangen sind, dreht sich doch alles ums «Ich», oder etwa nicht? Hier zeigt unser *Vipassana* uns etwas anderes. Im Laufe der vergangenen dreizehn Wochen haben wir eine Basis gelegt, von der aus wir klar sehen können. Und durch klares Sehen wird das «Ich» als Element der Geschichte erkennbar, ein Darsteller auf der Leinwand, nicht Teil der Realität, auf der die Geschichte basiert. Allerdings müssen wir hier langsam beginnen, mit einfachen Übungen, die es uns ermöglichen, unser *Vipassana* ins Handeln mitzunehmen. Wenn wir sicherer werden, erkennen wir, dass die Abwesenheit von «Ich» unter allen Umständen gegeben ist. Wenn wir innehalten, verschwinden wir nicht. Wir werden auch nicht handlungsunfähig, wenn wir erkennen, dass das «Ich» nicht Teil der Erfahrung selbst ist. Ganz im Gegenteil. Die Tür zur Freiheit lockt; die Wirklichkeit liegt vor uns.

Man könnte fragen, ob dies eine große, bedeutende Umstrukturierung unserer Erfahrung ist oder eine kleine. Überraschenderweise ist Letzteres der Fall. Das Identitätsgefühl, das für jedes Handeln so essenziell erscheint, existiert in der Handlung selbst nicht. Auf der Ebene der Handlung verändert sich im Grunde gar nichts. Die Veränderung geschieht auf der Ebene des Narrativs, der Ebene dessen, was unsere Handlungen bedeuten. «Für wen bedeuten?», könnte man fragen. Für uns natürlich! Unser Gefühl des Selbstseins ist erforderlich, um ein Gefühl der Sinnhaftigkeit zu erzeugen … für es selbst! Das ist die selbstreferenzielle Schleife der Identität, die unser *Vipassana* endlich sichtbar macht. Und wenn wir uns daraus befreien, den Knoten lösen und von unserem Kissen aufstehen, winkt uns eine Freiheit, die zuvor unvorstellbar war.

ÜBUNG
Gehmeditation

Zu Beginn sitzen Sie ruhig auf Ihrem Kissen und machen eine einfache Bewegung, Sie können zum Beispiel mit einer Hand winken. Während die Hand sich bewegt, erleben Sie die Bewegung — das Gefühl der Luft an der Handfläche, die Berührung des Ärmels an Ihrem Handgelenk. Da ist nur die Bewegung, sonst nichts. Wiederholen Sie das ein paarmal — führen Sie die Bewegung aus, halten Sie darin inne und erleben Sie, in der Bewegung zu sein.

Im nächsten Schritt nutzen wir eine traditionelle Methode, unsere Meditation in die Bewegung hineinzunehmen, eine sogenannte Gehmeditation. Dabei gehen wir einfach in einer geraden Linie auf und ab, die Hände entweder vor oder hinter dem Körper zusammengelegt. Die Strecke braucht nicht lang zu sein, vielleicht zehn Schritte. Zunächst stehen wir ruhig an einem Ende. Wir halten inne. Die Empfindung, dort zu stehen, ist das Einzige, was ist. Während wir dastehen, können wir im Geiste sagen: *stehen, stehen, stehen,* um unsere Aufmerksamkeit auf unseren Körper zu lenken.

Nachdem wir einen Moment so gestanden haben, fangen wir an, uns zu bewegen. Wir nehmen die Absicht wahr und dann die Aktivierung in unseren Beinen. Unser Gewicht verlagert sich auf einen Fuß, während der andere Fuß nach vorn auf die Zehen abrollt und sich dann zu heben beginnt. *Absicht, Absicht, verlagern, verlagern, abrollen, abrollen, heben, heben.*

Unser Gewicht ruht nun fest auf dem anderen Fuß, und der Fuß, der in der Luft ist, bewegt sich nach vorn und senkt sich dann, um den Boden vor uns zu berühren. *Bewegen, bewegen, senken, senken, berühren, berühren.*

Der Fuß steht jetzt wieder mit der ganzen Sohle fest auf dem Boden, und das Gewicht verlagert sich darauf. *Stehen, stehen, verlagern, verlagern.*

Nachdem wir das Gewicht verlagert haben, beginnt der andere Fuß abzurollen, dann hebt er sich und bewegt sich vorwärts. *Abrollen, abrollen, heben, heben, bewegen, bewegen.*

Er senkt sich wieder, berührt den Boden und steht, sodass unser Gewicht gleichmäßig auf beide Füße verteilt ist. *Senken, senken, berühren, berühren, stehen, stehen.*

Wir haben nun einen Schritt gemacht. Auf diese Weise fahren wir fort, zehn Schritte oder so, bis zum Ende unserer Strecke. Dann stellen wir beide Füße nebeneinander und drehen uns um. *Umdrehen, umdrehen, umdrehen.*

Und dann beginnen wir erneut.

Fahren Sie drei Minuten lang so fort oder auch länger, wenn Sie möchten.

Bewegung ohne «Ich»

Wir haben nun Schritte gemacht, ohne dass da ein «Ich» war, nur Bewegung. Es ist entspannend, so in unserem Körper zu sein. Es fühlt sich richtig gut an. Genießen Sie das Gefühl, sich selbst innezuwohnen. Tun Sie genau das. Seien Sie in sich. Machen Sie eine Bewegung und seien Sie darin.

Wir können das nicht nur in einer Gehmeditation tun, sondern auch, indem wir den ganzen Körper des Atems bewusst wahrnehmen. Wir halten einfach in dieser Wahrnehmung inne. In diesem Zustand des Innehaltens können wir uns weiter bewegen. Wir wachsen in der Erkenntnis, dass wir uns bewegen können, während wir geistig innehalten. Unser Bewusstsein der Bewegung ist singulär; die Bewegung und das Bewusstsein sind eins. Es ist nicht so, dass wir unsere Bewegung von außen betrachten, als seien wir außerhalb davon. Unsere Bewegung ist gegenwärtig. Sie ist wirklich da. Wir sind verkörpert.

Fragen und Anmerkungen

Ich habe versucht, mir meines Tuns bewusst zu sein, aber stattdessen bin ich einfach erstarrt.

Man könnte sagen, es ist ein wenig so, als würde man ein Flugzeug landen. Wir sitzen da oben auf unserem Meditationskissen, und nun wollen wir unser fliegendes Kissen hinunter in unser Leben bringen. Um das zu tun, müssen wir systematisch die Wiederverkörperung unserer Erfahrung erkunden. Normalerweise leben wir unter Bezugnahme auf eine Landkarte unserer Erfahrung, statt ohne die Karte direkt in unserer Erfahrung zu leben. Wenn wir keine Landkarte haben, sind unsere Reaktionen spontan und nicht von uns geplant; das fühlt sich zutiefst beunruhigend an, weil wir an der Sicherheit hängen, die uns die Landkarte verschafft. Ja, unser ganzes Identitätsgefühl ist in der Landkarte gegründet. Deshalb überkommt uns nun ein beängstigendes Gefühl des Kontrollverlusts. Wir wissen nicht recht, was wir als Nächstes tun werden.

Darum gehen wir in ganz kleinen Schritten voran. Wir bringen dieses *Vipassana* in eine kontrollierte Umgebung — von der Sicherheit unseres Kissens gehen wir zu einer einfachen Bewegung wie unserer Gehmeditation über. Wenn wir damit vertraut werden, erkennen wir, dass unsere Ängste unbegründet sind. Die Grundlage, die wir zu brauchen glaubten, die Sicherheit einer Landkarte, in der wir «wissen», was wir tun, ist in Wirklichkeit gar nicht unverzichtbar. Das erzeugt ein seltsames Gefühl. Es ist, als würde ein eingesperrtes Tier plötzlich erkennen, dass jemand die

Käfigtür offen gelassen hat. Es beschnuppert den Eingang, überrascht und etwas argwöhnisch, weil die Gitterstäbe nicht da sind. Wir befinden uns in dieser Situation. Aber wir können unser *Vipassana* in die Realität mitnehmen und das zur letzten Phase unserer Übung machen. Und wenn es uns gelingt, haben wir am Ende eine Übung, die wir immer und überall praktizieren können. Wir brauchen nicht mehr täglich drei Minuten zu meditieren. Wir können dazu übergehen, jederzeit bei allem, was wir tun, einen kleinen Ausflug in die Meditation zu machen. Plötzlich haben wir ein ganzes Set an Meditationstechniken, vielseitig wie ein Schweizer Taschenmesser, das wir flexibel und unter beliebigen Umständen anwenden können.

Würden Sie sagen, die Fähigkeit, so fortwährend und spontan zu praktizieren, ist das, was man traditionell als Geschmeidigkeit oder Flexibilität bezeichnet?

Ja. Es ist die Vereinigung von *Shamata* und *Vipassana*. Die Frucht von *Shamata* ist Geschmeidigkeit. Die Frucht von *Vipassana* ist Einsicht, Erkenntnis. Wir praktizieren *Shamata*, um flexibel zu werden. Geistige Flexibilität ist die ideale Basis für Erkenntnis. Bloße Konzentration bildet eine starre, unflexible Grundlage. Wenn wir nichts als Konzentration haben, wird alles, was auftaucht und sich verändert, zu einem Verlust an Einsicht führen. Wir werden aus der Bahn geworfen, weil wir nicht flexibel damit umgehen können. Aber wenn wir unsere Basis in *Shamata* gefunden haben, kann auf dieser flexiblen Grundlage ruhige Klarheit unbegrenzt wachsen.

Traditionell muss man angeblich stundenlang in Shamata sitzen, bevor man eine Chance hat, Geschmeidigkeit zu erlangen. Muss ich die Dauer allmählich über die Drei-Minuten-Sessions hinaus steigern?

Wenn Sie eine Woche lang achtsam bleiben können, dann können Sie erleuchtet werden! Diese überraschende Feststellung stammt aus den kanonischen Schriften des Satipatthana Sutta in einer der bedeutendsten Meditationstraditionen. Wir können diese Fähigkeit mit der Zeit ansammeln, wie ein tropfender Wasserhahn eine Badewanne füllt. Solange er nur immer weiter tropft, wird die Wanne irgendwann voll. Auf diese Weise bauen unsere Drei-Minuten-Sessions allmählich Geschmeidigkeit auf. Das Problem bei längeren Sitzungen ist, dass wir in die *Idee* des Sitzens abdriften, und wenn das geschieht, bauen wir im Grunde gar nichts mehr auf. Unser Weg ist der Weg von *Sugata,* der mühelosen, ruhigen Klarheit, wo Erkenntnis sich uns als unbeschränkter Ausblick auf Freiheit auftut.

Lesen Sie erst weiter, wenn Sie die vorige Übung sieben Tage lang praktiziert haben!

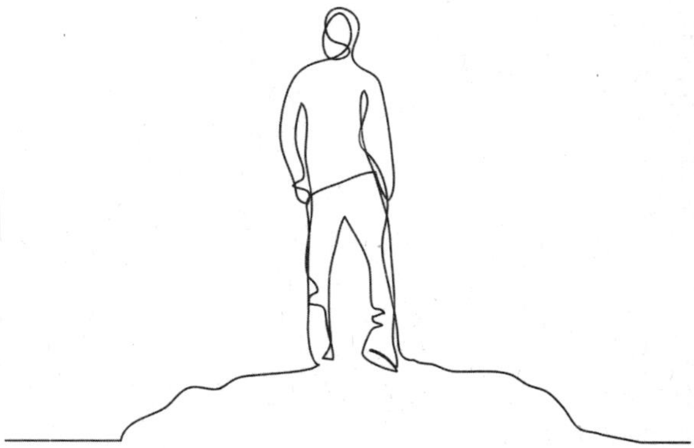

NACHWORT

Homo sapiens.

Wissendes Wesen. Das ist der rätselhafte Kern unserer Erfahrung: Wie können wir gleichzeitig *sein* und *wissen?*

Wir kommen in eine Welt, die bereits ihren Gang geht. Von unseren frühesten Momenten an sammelt unsere bemerkenswerte Kapazität für Wissen, der *Sapiens*-Aspekt unseres Menschseins, aus unserer Erfahrung Ideen und Assoziationen an und entwickelt eine immer komplexere Landkarte dessen, womit wir es auf unseren Reisen zu tun bekommen könnten. Diese Landkarte enthält auch verschüttete Erinnerungen und Reflexe, die im Laufe unseres Lebens entstanden sind und in die alles Gelernte eingeflossen ist, sei es nun gut oder schlecht.

Es ist eine Landkarte voller Zuschreibungen und Verkürzungen, die unsere aktuelle Erfahrung in unserer Erinnerung vorangegangener Ereignisse verankern. Wir fahren fort, aus unserer Erfahrung zu lernen, indem wir weitere Verkürzungen erzeugen, jene Etiketten, die wir Dingen und Ereignissen anheften. Diese speichern wir, sodass wir sie jederzeit auf das anwenden könnten, was uns in Zukunft vielleicht noch widerfährt. Durch diesen Prozess können wir auswerten, wie es beim letzten Mal gelaufen ist, und im Lichte unserer früheren Erfahrung unser Verhalten entsprechend anpassen. Zwar sind auch viele Tiere in gewissem Maß dazu fähig, aber unser Vermögen ist bei Weitem am vielseitigsten ausgeprägt, und deshalb hat der Mensch sich über alle anderen Spezies erhoben. Aus Erfahrung zu lernen, ist für uns fundamental. Da das Hauptmerkmal einer solchen Aktivität die Fähigkeit ist, die Gegenwart im Lichte der Vergangenheit einzuordnen, ist sie in sich rückkoppelnd. Das bringt allerlei Konsequenzen mit sich, die wir verstehen müssen, denn wenn unsere Vergangenheit unsere Gegenwart bestimmt, sitzen wir im wahrsten Sinne des Wortes in der Falle, wir sind in einem Gefängnis unseres eigenen Denk- und Erkenntnisprozesses gefangen.

Wahrscheinlich spielt hier auch eine starke genetische Komponente hinein. Eine fundamentale Paranoia scheint fest in unsere geistigen Prozesse eingeschrieben zu sein — vielleicht stammt sie noch aus der Zeit, als Menschen in der Serengeti von Säbelzahntigern bedroht wurden. Darum machen schlechte Nachrichten Schlagzeilen und gute Nachrichten nicht. Schlechte Nachrichten fesseln unsere Aufmerksamkeit, denn unsere Fähigkeit zum Kartieren erfüllt eine Schutzfunktion und reagiert augenblicklich auf mögliche Bedrohungen. Es ist fast, als würde eine innere Stimme erwachen, die fragt: «Gibt es hier etwas, das ich in Ordnung bringen muss?» Gute Nachrichten hingegen sind einfach nur sichere Informationen, also wen kümmern sie? Unnötig zu erwähnen, dass die sozialen Medien, Zeitungen und Newsfeeds voll von schlechten Nachrichten sind. Dafür interessiert sich unser Kartograf. Aber dieser unablässige Strom potenzieller Probleme bewirkt, dass das aktuelle Geschehen an unseren Kräften zehrt. Wir werden zum Spielball der Ereignisse, fast als könnten wir die Reaktivität, der wir unterworfen sind, nicht kontrollieren.

Außerdem gibt es noch ein anderes Element dieser Landkarte von Zuschreibungen, das wir verstehen müssen. Die Zuschreibungen repräsentieren nur die Empfindungen, auf denen sie basieren, aber sie ersetzen sie nicht. Ja, manche der Zuschreibungen und Etiketten, die für unser Leben scheinbar so zentral sind — wie etwa die Personalpronomen, die uns in unserer Erinnerung an Ereignisse verorten, oder die Zeitmarker, die es uns ermöglichen, um Ereignisse herum stimmige Narrative zu konstruieren —, sind in der Realität gar nicht vorhanden. Diese Erkenntnis eröffnet uns die Möglichkeit, tiefgehende Fragen über das Menschsein und die Zeit auf neuartige Weise zu durchdringen.

Was können nun drei Minuten täglicher Übung über vierzehn Wochen im Hinblick auf diese Situation bewirken? Wenn Sie das hier lesen, nachdem Sie den Weg gegangen sind, dann werden Sie mir hoffentlich zustimmen, dass sie eine Menge bewirken können. Indem wir eine Basis der Ruhe entwickeln, können wir die reflexive Reaktivität reduzieren, zerrüttete Nerven beruhigen und ausgeglichener mit dem umgehen, was uns begegnet. Und dann fangen wir an, klar zu sehen. Diese Fähigkeit zur Klarsicht ist unser Geburtsrecht. Sie braucht eigentlich gar nicht so sehr entwickelt zu werden, anders als die Fähigkeit, Reaktivität zu überwinden, die das zentrale Thema unserer *Shamata*-Praxis ist. Vielmehr ist unsere Klarsicht schon die ganze Zeit bei uns, aber sie benötigt eine stabile Basis in Form der ruhigen Flexibilität von *Shamata*.

Was ist Meditation? Aus dieser Perspektive betrachtet, ist sie eine Kunst. *Vipassana* ist eine Kunst, die Kunst zu leben, die wir entwickeln, wenn wir uns erst einmal in unserer Haut wohlfühlen. Wenn wir unsere eigene Wahrnehmung verstehen können und die grundlegende Reaktivität erfolgreich überwinden, die wir alle erleben, kann unser Leben ein kreatives Bild werden statt eines Gefängnisses. Aber solange wir nicht verstehen, wie wir die Welt erzeugen, schränkt uns das Kartieren ein und hält uns in jedem Augenblick im engen Gefängnis der Vergangenheit fest.

Wenn unsere Reaktivität abnimmt, wird das kontinuierliche Narrativ, das beengende Gehäuse, in dem wir all die Jahre gelebt haben, sichtbar. Wir erkennen, dass wir den Käfig, in dem wir gefangen sind, selbst gebaut haben. Durch unsere Meditation lernen wir, zunächst vorsichtig, dann jedoch mit immer größerer Zuversicht in eine andere Daseinsweise hinüberzugehen, eine Freiheit, die nicht ständig durch die Erzählung unseres Kartografen eingeschränkt wird, als würde jemand anders unser Leben leben. Wir können lernen, diese Erfahrung mit anderen Techniken auszuweiten, von denen einige im Folgenden vorgestellt werden. Aber diese Reise ist unsere eigene Sache. Es liegt an uns. Mit unseren drei Minuten täglich haben wir den Anfang gemacht.

Die Reise fortsetzen

Es wäre wunderbar, aber etwas naiv zu erwarten, dass das, was in diesem Buch steht, schon die ganze Geschichte ist und von da an die glücklichen Leserinnen und Leser einfach in ihre eigene Meditationspraxis hineinfinden. Die hier vermittelten Einsichten weisen natürlich die Richtung. Doch unser reflexives Kartieren lässt sich nicht so leicht überwinden.

Der Schlüssel zu unserem Erfolg ist Beharrlichkeit, aber damit die Beharrlichkeit stabil ist, muss sie auf fester Absicht basieren. Wenn unsere Drei-Minuten-Sitzungen uns etwas gezeigt haben, dann das, dass wir wirklich in ein Modell eingebettet sind, aber dieses Modell kann man sehen, und es ist möglich zu handeln, ohne das Modell automatisch über unsere Entscheidungen bestimmen zu lassen. Wenn diese Erkenntnisse unsere Perspektive prägen, dann können wir eine feste Absicht entwickeln, um weiter zu erkunden.

Für die weitere Entwicklung sollten wir das Gelernte festigen und verstärken. Wir könnten sagen, dass wir «Meditierende» geworden sind. Gehen Sie in eine beliebige Buchhandlung, und Sie werden Regale voller Bücher zu dem Thema finden. Außerdem gibt es Tausende Organisationen, die Beratung und Praxis anbieten, von achtsamkeitsbasierter Stressreduktion (englisch: Mindfulness-Based Stress Reduction, MBSR) über zehntägige Vipassana-Retreats in Schweigen, das ausgestreckte Liegen am Ende von Yogastunden, längere Aufenthalte in Meditationszentren oder achtsames Gebet bis hin zum Erlernen von innerem Tennis oder innerem Golf — die Liste ist lang.

Der Schlüssel für Drei-Minuten-Meditierende liegt darin, dass der Weg, den wir wählen, und die Entscheidungen, die wir treffen, verkörpert sind. Wir sollten nicht über eine Technik oder einen Ansatz lesen, ohne das Gelesene in Erfahrung einzubetten, denn sonst sammeln wir nur Ideen an. Es ist gut, offen für das Erlernen neuer Techniken zu sein, dafür, anregende Orte zu finden, um unsere Erfahrung zu verkörpern. Unsere Intuition kann stark werden, wenn wir sie von den Beschränkungen des Kartierens befreien, innerhalb derer sie sonst arbeitet.

Also üben Sie weiter. Wenn Sie möchten, wiederholen Sie die ganze Abfolge der Drei-Minuten-Meditationen oder wählen Sie eine der Übungen aus, um sie täglich zu praktizieren. Drei Minuten sind völlig in Ordnung, aber wenn Sie die Dauer steigern, ist das natürlich genauso in Ordnung! In diesem Stadium ist entscheidend, dranzubleiben und Tagebuch darüber zu führen. Schreiben Sie Eindrücke und Erkenntnisse auf, halten Sie fest, was Ihnen besonders leichtgefallen ist oder was Sie als besonders hilfreich empfanden. Wenn Ihnen Anregungen in den Sinn kommen, Intuitionen oder Ideen, was Sie erkunden oder tun könnten, dann schreiben Sie auch diese auf und gehen Sie ihnen unbedingt nach. Wenn wir Ideen aufgreifen, die uns auf diese Weise kommen, ermächtigen wir unser eigenes Tun und senden eine starke Botschaft an uns selbst, dass wir uns weiterentwickeln wollen. Das regt weitere Ideen an und aktiviert unsere natürliche Intelligenz, sich aus dem Käfig der Vorstellungen zu befreien, in den sie eingesperrt war. Und im Handumdrehen werden wir unseren eigenen Weg beschreiten.

Im Laufe eines geschäftigen Tages sind wir öfter mal unruhig oder nicht recht bei uns. Hier kann ein einfacher, schneller Reset

Wunder wirken. Wenden Sie sich für einen Moment Ihrem Tastsinn zu. Wie in der Atemmeditation in Kapitel drei richten Sie Ihre Aufmerksamkeit auf die Empfindung Ihres Körpers, während Sie auf einem Stuhl sitzen, oder auf das Gefühl Ihrer Finger, wenn Sie etwas in die Hand nehmen, oder natürlich auf den Atem selbst. Zehn Sekunden genügen. Es geht hier nicht darum, uns in einen meditativen Zustand zu versenken, als würden wir uns in eine Burg zurückziehen; es geht darum, im Strom der Ereignisse eine Unterbrechung zu erzeugen, egal wie klein. Diese kurze Pause ist ein Reset, eine Gelegenheit, sich neu zu zentrieren, im unablässigen Strom reflexiver Reaktivität eine kleine Lücke zu schaffen. So vieles von dem, was wir tun, geschieht in einer Verkettung — eins führt zum anderen. Selbst eine kleine Unterbrechung ermöglicht uns, eine andere Richtung einzuschlagen. Eine kleine Pause kann Großes bewirken!

Manche Menschen empfinden eine Neigung zu längeren Sitzungen, sogar dazu, eigens Meditationszentren aufzusuchen, um für einige Zeit intensiv zu praktizieren. Das ist wunderbar, aber nicht alle haben die Mittel, die Lust oder die Zeit, das zu tun. Glücklicherweise sind solche Aufenthalte auch nicht nötig, um in unserer Praxis voranzukommen. Mein persönlicher Lernprozess verlief in drei Schritten: Erst habe ich über eine Technik oder einen Ansatz gelesen, dann bin ich das Gelesene im Geiste noch einmal durchgegangen, um mich zu vergewissern, dass ich es wirklich verstanden habe, und dann habe ich es in der Praxis angewendet. Wir könnten zum Beispiel über reflexive Reaktivität lesen, verstehen, wie sie entsteht, wenn über einen unserer Sinneskanäle Eindrücke auftreten, und erleben, wie eine Basis der Ruhe sie entkräftet, wenn sie einsetzt. Diese Art praktischer Ermächtigung hoffe ich durch dieses Buch vermittelt zu haben.

Meditieren ist nicht schwierig. Es ist im Grunde ein Nicht-Tun. Ein Nicht-Tun ist weder schwierig noch leicht. Da es weder das eine noch das andere ist, lassen wir uns einfach darauf ein und praktizieren es, nur drei Minuten lang. Die Direktheit dieser Absicht hat ihre eigene Klarheit. Sie trägt ihre Belohnung in sich.

Für alle, die daran interessiert sind, den Drei-Minuten-Ansatz detaillierter kennenzulernen, finden am Dharma College zweimal jährlich Kurse statt (www.dharma-college.com). Wir bieten auch Jahreskurse an, in denen wir unsere kognitive Funktion gründlicher erforschen, sowie viele andere Kurse.

Schauen Sie herein!

GLOSSAR

NIVARANA ein Hemmnis oder Hindernis bei der Übung. Es gibt deren fünf: Aufgeregtheit, Stumpfheit, Anziehung, Abneigung und Zweifel.

SAMADHI vollkommene Konzentration, in manchen Traditionen auch vollkommene intuitive Bewusstheit.

SHAMATA Ruhe-Meditation, die Nicht-Reaktivität erzeugen soll.

SUGATA glückselige Mühelosigkeit oder entspanntes Bewusstsein.

SUKHA Glück

TRATAKA *die Technik*, sich auf einen Sinneskanal zu konzentrieren und die anderen auszublenden.

VICARA die Fähigkeit, beim Objekt unserer Aufmerksamkeit zu verweilen, es auszukosten; die zweite Phase der Konzentration.

VIPASSANA klares Sehen.

VITAKKA das geistige Vermögen, das es uns ermöglicht, unsere Aufmerksamkeit auf etwas zu richten; die erste Phase der Konzentration.

DANKSAGUNG

Dass dieses Buch zur Veröffentlichung gelangt ist, verdanke ich der Unterstützung und Begeisterung von Duncan Baird, einem guten Freund und ehemaligen Verleger, der an einem meiner Kurse teilnahm und mir beim Feinschliff am Text half. Richard Zeiss hat die Aufzeichnungen aus den Kursen transkribiert. Duncan fand außerdem mit New World Library einen exzellenten Verlag, der willens war, das Buch in sein Programm aufzunehmen. Ich möchte auch allen Mitarbeitenden dort herzlich danken, insbesondere Kristen Cashman, Managing Editor, die mir mit ihrem scharfsinnigen Lektorat und ihren umsichtigen Fragen half, unklare Stellen im Text zu verbessern; sowie Jason Gardner, Executive Editor, der das Buch einkaufte und den ganzen Publikationsprozess überaus hilfreich begleitet hat. Außerdem möchte ich Senior Publicist Kim Corbin danken, die die gesamte Öffentlichkeitsarbeit und Social-Media-Werbung leitete, und überhaupt der ganzen Belegschaft von New World Library, die mit dazu beigetragen hat, dieses Buch Wirklichkeit werden zu lassen. Und schließlich danke ich allen meinen Schülerinnen und Schülern am Dharma College und in aller Welt, die mich dazu inspiriert haben, meine Gedanken zu klären und Dinge klar zu vermitteln; und meiner wunderbaren Frau Wangmo, die allen, die das Glück haben, ihre Bekanntschaft zu machen, eine beständige Inspiration ist.